高学年担任の
子どもの心をつかむ
とっておきの
語り

くろぺん 著

学陽書房

はじめに

目の前の先生が、何を語るか。
子どもたちは私たちが思っている以上に耳を傾けています。

「この先生の話をもっと聴きたい！」と思った子どもたちは、目の前にその先生が立っただけで、身を乗り出して話を聴こうとします。
「この先生の話はつまらない……」と思った子どもたちは、どんなに中身が重要でも、真剣に話を聴こうとしません。

前者になるか、後者になるか。
運命の分かれ道は、あなたの語りが変わるかどうかにかかっています。

特に高学年の子どもたちは、耳が肥えています。
なぜなら、小学校の先生たちが何を語ってきたのかを1年生の頃から５年以上に渡って聴いてきているからです。

先生が語る場面は、毎日1回はあるでしょう。朝の会には当たり前のように「先生の話」コーナーがあります。1年間で200回も先生は語っているのです。これが５年分となると、1000回となります。

しかし、日によっては1回の語りで終わらない日もあります。朝の話だけでなく、ここぞという場面で臨機応変に全体へ話すべきことは必ず出てくるからです。そう考えると、高学年の子どもたちは1000回どころではなく、2000回、3000回と先生の話を聴いてきているのです。

仮にあなたが今、目の前の子どもたちにとって3001回目の話をしようとしているとしましょう。今まで聴いてきた3000の話と比べ、「もっと聴きたい！」と思える話を語れるでしょうか。正直、私も自信がありません。

しかし、目の前の子どもたちにとって「もっと聴きたい！」と思える語りを意識し続けることで、あなたの語りは少しずつ変わっていくはずです。いきなりベストな語りはできませんが、ベターな語りを積み重ねていくことはできます。本書をきっかけに、高学年の子どもたちへの語りについて一緒に考えていきませんか。きっとあなたが抱えている高学年担任ならではの悩みも、あなた自身の語りによって解決の糸口となるはずです。

そのためには、高学年ならではの特徴を踏まえた語りについて深掘りしていかなければなりません。

例えば、高学年にしかない行事である卒業式で、あなたは担任として何を語りますか。例えば、高学年ならではのトラブルである陰湿ないじめや人間関係のグループ化に対する予防的生徒指導として、どんな語りをしますか。例えば、高学年から新しく学ぶ内容項目を踏まえた道徳科の授業に、どんな説話を取り入れますか。

本書がこうした問いを解決するヒントをご提供できれば幸いです。決して答えではありません。答えはきっと、あなたが目の前にしている子どもたちの実態によって違うからです。そして、読者であるあなた自身が、答えを出していくものなのです。

本書を通して、高学年の語りについて考えを深める旅に出掛けましょう。どのCHAPTERから読んでいただいても構いません。語りの内容だけでなく、私の学級のエピソードや語り術についても、あなたにとって解決のヒントとなるようなことを書きました。まずは「本書の使い方」からご覧ください。

くろぺん

CONTENTS

CHAPTER 2

2学期は何を話したらいい？

夏休み明け ～ 2学期の語り

CHAPTER 3

3学期は何を話したらいい？

3学期～学級終い・卒業式の語り

CHAPTER 4 高学年担任として何を話したらいい？

悩む場面での語り

高学年ならではの成長・ねらいにつながる！

道徳科授業の説話としての語り

本書の使い方

この本は、「こんな時、何を話したらいいのか分からない」といった語りに対する様々な悩みを解決するヒントとなるよう、次の５つのCHAPTERに分かれています。それぞれ６話ずつ、合計30話の解決の糸口となる語りが紹介されています。

CHAPTER1	「１学期は何を話したらいい？」を解決する糸口 【学級開き～１学期に語る６つの話】
CHAPTER2	「２学期は何を話したらいい？」を解決する糸口 【夏休み明け～２学期に語る６つの話】
CHAPTER3	「３学期は何を話したらいい？」を解決する糸口 【３学期～学級終い・卒業式に語る６つの話】
CHAPTER4	「高学年担任ならではの悩み！」を解決する糸口 【悩む場面に合わせて語る６つの話】
CHAPTER5	「高学年の道徳科授業での悩み！」を解決する糸口 【高学年の内容項目につなげて語る６つの話】

ここで言う「高学年」とは、５年生と６年生の子どもたちのことを指します。しかし、それぞれの話にあえて学年を設定しませんでした。なぜなら、読者のみなさんが日々向き合っている子どもたちの実態を踏まえるのなら、５年生向けの語りを６年生でしても、６年生向けの語りを５年生にしてもいいからです。だからこそ、本書で紹介している30の話は、高学年担任の先生ならどの話を選出していただいても構いません。

一方で、中学年担任や低学年担任、特別支援学級担任の先生にとっても、たたき台としてアレンジして使えるような語りのエッセンスを感じ取っていただける内容となっています。

CHAPTER 1～3では、高学年担任としての学級経営の一助となるような語りを意識して掲載しました。1学期・2学期・3学期と大きく3つに分けています。今回は特に、卒業していく6年生を意識した語りをCHAPTER 3において複数紹介しています。読者のみなさんが現在「何を話したらいい？」といった課題意識を抱えている時期に合わせて好きなページから読んでいただければと思います。また、CHAPTER 1～3で紹介する18の話を時系列に読んでいくことで、私（著者：くろぺん）の学級経営の流れも把握できるようになっています。ご自身の学級経営の流れと照らし合わせながら、これまでの学級経営を振り返ったり、今後の学級経営を見通したりするためにも、ぜひご活用ください。

CHAPTER 4では、高学年担任ならではの悩みを解決するために、糸口となるような語りを紹介しています。高学年という発達段階や特性を踏まえ、トラブルへの対応だけでなく、予防としても語ると良い話を意識して創りました。もちろん、これらの話を語るだけで悩みのすべてが解決するわけではありませんし、即効性もないかもしれません。それでも、長い目で見てきっと効果のある語りだと言えます。ぜひ試しに語ってみてください。あなたが抱えている悩みを解決する糸口となるかもしれません。

CHAPTER 5では、高学年の道徳科授業で取り入れると良い説話を紹介しています。高学年になると、取り扱う内容項目も大きく変化します。中には、高学年から新しく取り扱う内容項目もあります。こうした変化に対応した授業をするのはもちろん、その授業のねらいに合わせた説話として何を語るかということも重要です。そこで、高学年の内容項目につなげて語ることができるような説話を意識して創りました。教師の体験談をただ聞かせるだけの説話ではなく、高学年の子どもたちの道徳心をより一層育めるような説話となっています。こちらも、ぜひ道徳科授業の中で試しに語ってみてください。

各CHAPTERでは、次のようなサンドイッチ構成で読者のみなさんに「高学年の語り」のヒントをお届けしています。ただの“いい話集”の本ではないことをご理解いただけますと幸いです。どのサンドイッチも、きっとおいしく召し上がっていただけるのではないでしょうか。

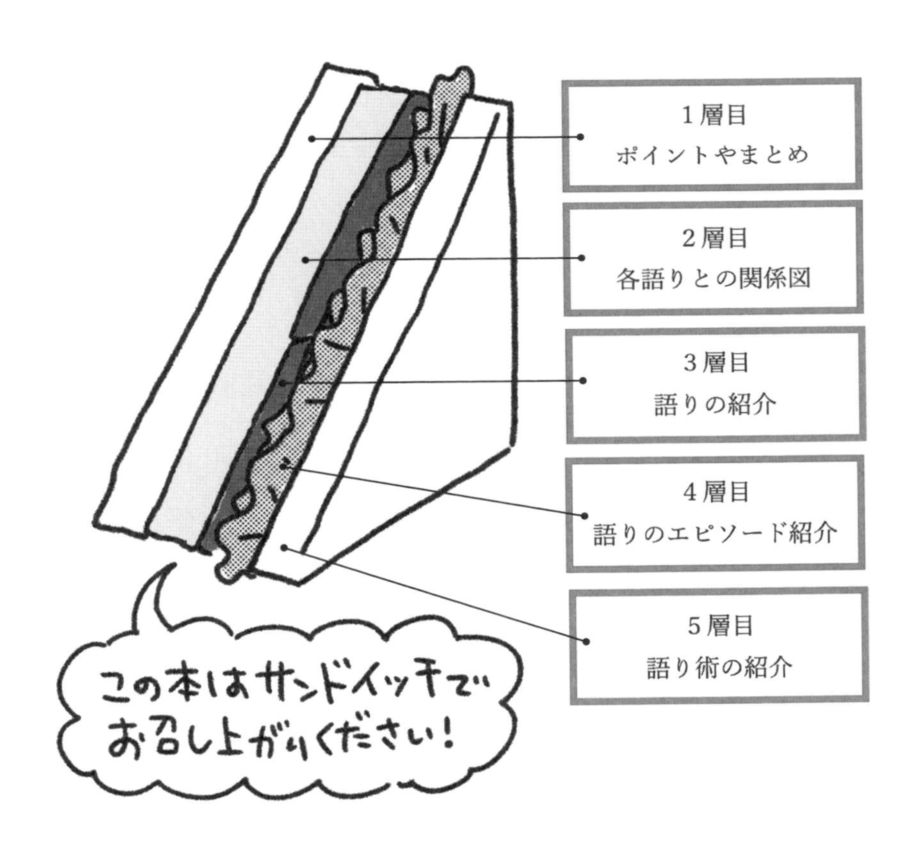

1層目では、学期ごとの学級経営や高学年担任ならではの悩みの解決に向けた大切なポイント、道徳科の内容項目ごとの高学年の目標についてのまとめを掲載しています。ここで語りの背景となる考え方の大枠を把握していただき、意識したいポイントや視点をご自身の置かれている状況に合わせて見つけてみてください。

2層目では、1層目で掲載したポイントやまとめと、3層目で紹介する各語りがどういった関係で結びついているのかについて図や表を使ってまとめています。いきなり３層目の語りのページを開くのではなく、ぜひ語りの背景となる考え方や大切にしたいことについて、ここでさらに理解を深めてみてください。きっとあなたも明確なねらいをもって目の前の子どもたちに語ることができるようになるはずです。

３層目では、６話分の語りを文章にして紹介しています。文中で示す以下のアイコンには、次のような意味があります。実際に語る時の参考にしてください。

提示：長い言葉や写真を見せます。実際はパワーポイントのスライドをプロジェクターを使ってスクリーンに映して見せています。

板書：短い言葉や図解を見せます。黒板にチョークを使って板書しています。

挙手：選択肢を与えて考える場や意思表示の場、理解度の確認の場を設けるために、聞き手に挙手を促します。

指名：子どもたちの意見を数人ほど聞きます。時間を割きすぎないように気を付けながら指名し、反応を返した上で話を進めます。

斉読：全員で声を出して指示された言葉や文章を読みます。

演出：話の中で物を使って動かしたり、話し手が演技をしたりします。

４層目では、本書に掲載されている話を実際に私が語り、そこで体験した学級の子どもたちとのエピソードについて紹介しています。学級経営における語りの重要性について、リアルなストーリーを追いながら考えてみてください。

５層目では、こうした語りを実現するために鍛えるべき５つの力（①探す力、②創る力、③見せる力、④話す力、⑤つなぐ力）をそれぞれ深掘りし、語り術として６つのスキルを紹介しています。合わせて30のスキルとなります。ご自身の語りを磨く上でご活用ください。

高学年担任による「語り」の位置付け

「語り」とはいったいどのような位置付けがなされるものでしょうか。私は「語り」を話し手である教師による一方的なものではなく、話し手である教師の語りと聞き手である子どもたちの思考が織り成す「双方向性な説話」と捉えています。学習指導要領解説の中で「説話」と検索すると、その効果が以下のように述べられています。

説話とは、教師の体験や願い、様々な事象についての所感などを語ったり、日常の生活問題、新聞、雑誌、テレビなどで取り上げられた問題などを盛り込んで話したりすることであり、児童がねらいの根底にある道徳的価値をより身近に考えられるようにするものである。教師が意図をもってまとまった話をすることは、児童が思考を一層深めたり、考えを整理したりするのに効果的である。

教師が自ら語ることによって児童との信頼関係が増すとともに、教師の人間性が表れる説話は、児童の心情に訴え、深い感銘を与えることができる。なお、児童への叱責、訓戒や行為、考え方の押し付けにならないよう注意する必要がある。

文部科学省『【特別の教科　道徳編】小学校学習指導要領(平成29年告示)解説』

つまり、教師が意図をもってまとまった話をし、自ら語ることによって、教師の人間性が表れ、次の３つの教育的効果をもたらすことができます。

(1)児童がねらいの根底にある道徳的価値をより身近に考えられる。

(2)児童が思考を一層深めたり、考えを整理したりする。

(3)児童との信頼関係が増す。

説話の活用場面は道徳科授業の中だけには納まりません。朝の会や帰りの会での語り、生徒指導での語り、他教科の授業での語りなど、学級経営上の様々な場面での語りにより、子どもたちの姿は変わっていきます。実際に私の学級でも、担任の語りをきっかけとして子どもたちが自分事として考え、思考を深め、考えを整理し、行動したことがありました。そして何より、担任する子どもたちとの信頼関係が深まり、学級経営において欠かせない実践になったのです。

「語り」は磨き続けていくものです。そのためには、教師が次の5つの力を意識して総合的に語る力を鍛えていく必要があります。

① **【探す力】説話の素材を探し出す力**（▶p.36 〜 38）
② **【創る力】素材を使って説話を作る力**（▶p.58 〜 60）
③ **【見せる力】説話中の素材の見せ方を工夫する力**（▶p.80 〜 82）
④ **【話す力】説話中の話し方を工夫する力**（▶p.102 〜 104）
⑤ **【つなぐ力】説話後に別の活動や媒体と関連させる力**（▶p.124 〜 125）

優れた語りをする教師は、こうした力をそれぞれ常に鍛え、自身の語りを磨き続けています。語る力は総合力なのです。話し手である教師は、ある意味でクリエイターであり、ある意味でエンターテイナーなのです。

「語り」と聞くと、「何を話したらいいか分からない」といった悩みが浮かんできます。しかし、「何を話すか」よりも重要なことは「誰に話すか」です。つまり、「何を話したらいいのか」の答えはあなたが目の前にしている子どもたちが教えてくれるのです。

普段、子どもたちはどんな様子で学校生活を過ごしていますか。語っている間、どんな顔をして聴いていますか。どんな意見を出しましたか。どんなことをつぶやきましたか。語った後、どんなことを考えましたか。どんな行動をしましたか。

これら１つ１つをよく観察することで、目の前の子どもたちの実態に合わせた「語り」ができるようになります。

では、高学年の語りで大切にすべきこととは何でしょうか。

高学年は、学年行事だけでなく、学校行事においても主役やリーダー役となる場面が他学年と比べて圧倒的に多くなります。そんな中で、担任としては忙しさを理由につい大きな行事が迫ってきた時だけ「何を話したらいい？」と悩んでしまいがちになります。しかし、忙しい高学年の学校生活だからこそ、本来ならば行事の時だけでなく、日頃から何を語るかについて考えたいです。なぜなら、語りは１つだけで効果が得られるようなものではなく、「語り同士のつながり」によって大きな効果が発揮されるものだからです。古舘良純氏（2022年）は、著書『小学６年担任のマインドセット』（明治図書出版、p.29）において、語り同士のつながりの大切さについて次のように述べています。

運動会があれば、運動会を通してどんな成長がしたいかを考えるでしょう。トラブルがあれば、トラブルを通して何を学んだかを大切にするはずです。しかし、一つ一つは「手段」であって「目的」ではないはずです。多くの先生方は、１年の中で様々なことを通して指導しています。語っています。しかし、それらが「ぶつ切りの指導」になると「場当たり的な語り」になってしまいます。

単に子どもたちに「語り聞かせればよい」というわけではありません。１年という長期的な展望をもった上で、日々の語りを位置づけていかなければならないのです。そうしていくと、子どもたちには少しずつ「あの時の話に通じているな」とか、「先生はこういうことが言いたいんだよな」と伝わるようになっていきます。

私は「出会い」で何を話したか、「学期はじめ」にどんなことを伝えたかを記録しています。立ち返る場所があることで「次は何を話そうか」「今言うべきか」なども俯瞰的に考えられます。常に「どんな１年にしたいか」を土台にすることが大切なのです。

「どんな１年にしたいか」を土台にした担任の教育観や願いが、１つ１つの語りをつなげる大きな力となります。また、それらの語りを記録することで、学級を俯瞰しながら語ることができ、「何を話したらいい？」という悩みも解決されていくことでしょう。本書で紹介している30の話も、場当たり的にではなく、１年という長期的な展望をもって日常的にご活用ください。

語りは、点で実践される側面もあれば、線や面を意識して実践される側面も併せもちます。例えば、生徒指導上ピンポイントで子どもたちと一緒に考えたいテーマがある場合の語りは点の実践です。そこに、「何月に何を話すか？」という時間軸を加えることで、以前の話と今の話がつながり、語りは線の実践になります。さらに、「道徳科授業のどの内容項目を意識して話すか？」という新しい軸を加えることで、複数の軸で話すようになり、語りは面の実践になります。高学年においては、この面の実践として語りを位置付けることが他学年と比べてより重要になります。

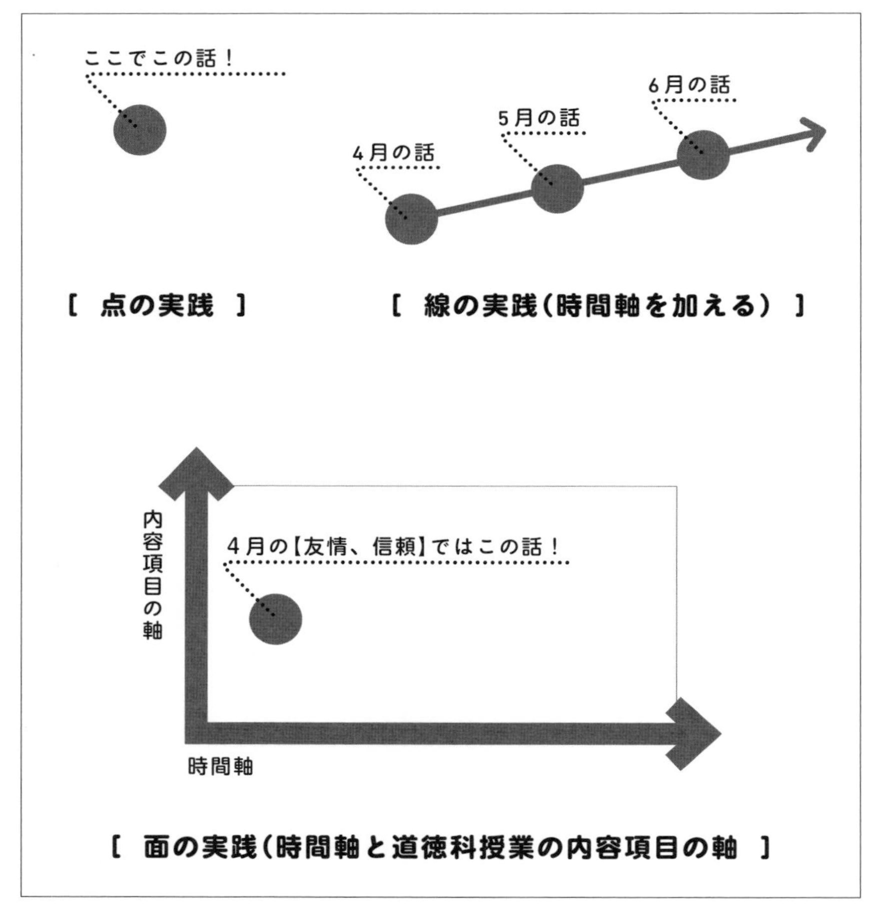

拙著『こどもの心に響く　とっておきの話100』（東洋館出版社、2023年） p.233にも掲載

CHAPTER

1

1学期は何を話したらいい？

学級開き〜1学期の語り

1学期の学級経営のポイント

ポイント1　担任の自己紹介にひと工夫

学級開きよりも前にやるべきことは、子どもたちが希望や安心感を抱けるような担任としての自己紹介です。第一印象は後々になって子どもたちとの信頼関係づくりに大きく響いていきます。自己紹介にひと工夫し、語りで印象付けてみましょう。この先の1年間に希望をもてるような前向きな語りをし、「この先生なら安心できる」と子どもたちが思えるようにします。

ポイント2　個人の勇気と集団の安全基地

学級開きでは、個人と集団それぞれの視点から温かいメッセージが送れるような語りをします。新年度の学校生活が始まった子どもたちにとって、緊張や不安から自信がもてず、勇気を出せない場面もあります。また、「このクラスは安心して学校生活を送れる居場所だろうか」と探っている時期でもあります。そこで、個人の勇気の後押しや集団の安全基地を育てるきっかけとなる語りをします。

ポイント3　勝敗よりも挑戦心を大切にする

高学年になると、テストの点数やスポーツ競技の不出来など、勝敗結果に大きく差が出るような場面に多く出合うようになります。こうした場面で思わず他人と比べてしまい、自信喪失やトラブルの原因となることもあります。そこで、新年度が始まって間もない時期のうちから、勝敗よりも挑戦心をくすぐれるような語りをします。他人と比べるのではなく、それぞれが良さを発揮する挑戦心をお互いにもてるような関係づくりを目指します。「勝負するのは他人ではなく、いつも過去の自分」というメッセージを伝え、過去の自分と勝負しながら未来に向かって様々な挑戦ができる場面を増やしていきます。

ポイント4 学習への意欲

学習経験を多く積んできた高学年の子どもたちの中には、「分からないと成績が悪くなるからダメ」や「分かったからもういいや」と思うような子が現れてきます。こうした子たちに改めて学習する楽しさや学習との向き合い方について語ることで、意欲の向上を図ります。高学年になると授業時数も多くなり、活動量も増えます。毎日の授業が苦痛ではなく、楽しみになるようなきっかけを1学期のうちに与えるようにします。個々の学習への意欲が高まっていくと、集団としての学習活動にも活気があふれてくるようになります。

ポイント5 心に余裕をもたらす

高学年の学校生活は、他学年と比べると非常に忙しいものです。授業で学ぶべきことの多さは教科書の分厚さが物語っています。毎日テストの週があったり、1日に3教科分もテストなんて日もあったりします。5年生の行事と言えば宿泊学習、6年生の行事と言えば修学旅行ですが、学校全体の行事でも高学年は中心となって動く活動や準備がたくさんあります。そんな毎日の忙しさから、心に余裕がなくなる子も現れてきます。そこで、心に余裕をもたらす工夫について、一度立ち止まって考えられるような語りをします。心の余裕は成長の伸びしろとなります。アクセルばかりでなく、時にはブレーキも踏みながら学級を動かしていきます。

ポイント6 大切にしてきたことを忘れない

高学年の子どもたちには、それまで学校生活で積み重ねてきた経験がたくさんあります。その中で、高学年の学校生活でも、大切にしてきたことは忘れずに毎日を過ごしてほしいと思います。大切にすべきことは大切にする。こうした責任の積み重ねで自由を獲得することができる。そんな「自由と責任」の関係性やバランスについての語りをします。どんな自由や責任があるのか、子どもたちと一緒に考えてみましょう。リーダーシップを育てるきっかけにもなります。

［ ポイントと各語りの関係図 ］

1学期の学級経営のポイント	糸口となる語り
担任の自己紹介にひと工夫	『6年〇組の担任になりました』
個人の勇気と集団の安全基地 （学級で大切にしたいことの共有）	『先生がペンギンを好きな理由』
勝敗よりも 挑戦心をくすぐる	『チャンピオンよりも チャレンジャー』
学習への意欲	『ワクワクする「分からない」世界へ』
心に余裕をもたらす	『心の円グラフ』
大切にしてきたことを忘れない	『自由の芽と責任の芽』

まずは『6年〇組の担任になりました』の語りをし、担任の自己紹介にひと工夫することで、「この先生となら安心できる！」という気持ちをもたせます。その上で『先生がペンギンを好きな理由』を語り、学級で大切にしたいことを子どもたちと共有します。生活面からは『チャンピオンよりもチャレンジャー』の語りをして子どもたちの挑戦心をくすぐりながら、「勝負するのは他人ではなく過去の自分」という価値観も伝えていきます。一方、学習面からは『ワクワクする「分からない」世界へ』の語りをして「分からない」ことへの抵抗感を減らし、学習への意欲をもてるようにします。『心の円グラフ』の語りでメンタル面をフォローしながら、『自由の芽と責任の芽』の語りで高学年としての責任感やリーダーシップも育てていきます。こうして高学年1学期の学級経営に、語りを位置付けます。

高学年1学期の学級経営に位置付ける

忙しくても
落ち着いていこう!

心に余裕を
もたらす
工夫

心の円グラフ

どちらの芽も一緒に
育て続けよう!

今まで大切
にしてきた
自由と責任

自由の芽と責任の芽

[生活面]他人と
比べずチャレンジ!

勝敗よりも
挑戦心

チャンピオンよりも
チャレンジャー

[学習面]「分からない」
を楽しもう!

学習への
意欲

ワクワクする
「分からない」世界へ

みんなで○○な学級に
しよう!

学級で大切
にしたいこと
の共有

先生がペンギンを
好きな理由

この先生となら
安心できる!

担任の
自己紹介に
ひと工夫

6年○組の担任に
なりました

6年○組の担任になりました

語りのポイント　担任の自己紹介にひと工夫し、あえて「別れ」を提示する「出会い」の語りをしてみましょう。

［参考文献］古舘良純『小学6年担任のマインドセット』（明治図書出版、2022年）

演出　一人一人の子どもたちとアイコンタクトをするように見渡す

今こうやってあなたたち一人一人の顔を見ていて心に浮かび上がってくる、私の気持ちを正直に伝えます。……すごくさみしいです。「まだ6年生が始まったばかりなのに？」と思うかもしれませんが、これを見たらもうすでに別れの時が近づいていることが分かります。

提示　小学校生活の砂時計の画像

こども園や中学校、高校、大学などと比べて、小学校生活の砂時計は一番大きな6年間時計です。1年間で登校する日数は200日。今この瞬間、1200日もあった小学校生活が残り200日となっているのです。6分の5の小学校生活の砂はもう下に落ち、わずか6分の1しか残っていないのです。

板書　72・82・47（学校の実態に合わせて数字を調整）

何の数字だか分かる人？　**指名**　はい、学期ごとの登校日数です。

3学期の少なさに気付いた人？　**挙手**　6年生の1年間は本当に早く過ぎ去っていきます。みなさんと先生は、卒業してしまったら『もうなくなる』経験をこの1年間でたくさんすることになります。

板書 **もうなくなる**

「おはようございます！」と校内であいさつを交わすことはもうなくなります。中学校へ行き、新しい教室でどんな生活をしているのか知ることはもうなくなります。運動会や学習発表会で活躍する姿を見ることはもうなくなります。「○○さんがね」と先生たちの間でほめ合うことはもうなくなります。こうして集まる時間も、みんなに話す機会も、今日から確実に減っていき、卒業したらもうなくなるのです。

板書 **卒業式**

あなたたちは200日後、どんな卒業式を迎えたいですか？

きっと誰しも、たくさんの人から感謝の気持ちを伝えられ、温かく見送られ、小学校生活６年間の集大成となるような、やり切った気持ちで迎えたいはずです。もう落ちてしまった砂１粒１粒に、大事な意味や思い出があったと振り返り、涙を流す卒業式になれたら……担任になった私もこんなに幸せなことはありません。

提示 **雨の絵**　**板書** **責任と忙しさの雨**

この１年間、あなたたちのもとには責任と忙しさの雨が降り注ぎ続けます。『最高学年としての責任』を感じる場面が毎日のようにやって来て、「自分たちのことだけでなく、学校全体のことも考えなければならない忙しさ」に追われていきます。何もない日のほうが少ないかもしれません。今日から１年間、走り続けなければなりません。あれが終わればこれ、これが終わればあれと休む間もなく卒業です。

提示 **虹の絵**　**板書** **感謝と達成感の虹を**

ただし、この雨はただ受け止めるだけの雨にしたくはないですよね。ただ行事や仕事をこなすだけの１年ではなく、夢や希望や憧れをもって、大きく成長したいですよね。私はあなたたちと一緒に、まだ見たことがない自分自身に出会い、たくさんの人に感謝し、たくさんの出来事に達成感を味わえる毎日を送りたい。そのために、いつもお互い認め合い、支え合い、助け合って、最後は笑顔で卒業式を迎えましょう。私も担任として、全力でサポートします。

小学校生活最後の１年間に、ここにいる仲間たちと一緒だったからこその、とっておきの虹を架けましょう！

先生がペンギンを好きな理由

語りのポイント 学級開きは教師の自己開示とともにクラスづくりの方向性を示しましょう。『危険な海でもエサをとりに真っ先に入るファーストペンギン』と呼ばれるペンギンの生態からは、個の勇気や集団の助け合いの大切さを学ぶことができます。

先生には、大好きな動物がいます。何だと思いますか？
この動物です。

提示 **ペンギンの写真**

なぜ好きかというと、ペンギンの世界にはとっておきのお話があるからです。聞きたいですか？

ペンギンには、海になかなか飛び込めずにみんなで立ち止まる習性があります。

提示 **集団で立ち止まるペンギンの写真**

海にはエサだけでなく、ペンギンにとっての天敵もいるからです。
しかし、その中でも最初に飛び込んだペンギンを「ファーストペンギン」と言います。

提示 **ファーストペンギンの写真**　**板書** **ファーストペンギン**

ファーストペンギンが飛び込むと、なんとその後は次々と残りのペンギンが飛び込みます。これもペンギンの習性です。
さて、このファーストペンギンとその後に飛び込んだペンギン、どう思いますか？　同じでしょうか？

みなさんもファーストペンギンのように、勇気やチャレンジ精神をもって「最初の一人」になれるといいですね。

板書 **最初の一人**

そもそも、どうしてファーストペンギンは海に飛び込めたのでしょう？それは、安心してもどってこれる居場所があるからだと言われています。

提示 **吹雪の中で温め合うペンギンの写真**

これはどのような様子か分かりますか？
吹雪の時は、どのペンギンも温かくなるように、場所を交代しながら温め合います。このように、ペンギンは「助け合う動物」と呼ばれています。だからこそ、安心してもどってこれる居場所ができるのです。

実を言うとファーストペンギンは、毎日違うペンギンがなるそうです。一羽一羽が安心して新しいチャレンジができる。それがペンギンなのです。

提示

A ペンギンたちのように助け合えず、チャレンジもしないさみしい学級
B ペンギンたちに負けない、みんなで助け合い、チャレンジできる学級

AとB、みなさんはこれからどちらの学級にしていきたいですか？

挙手

先生は、大好きなペンギンのように、みんなで助け合い、みんなでチャレンジできるステキな学級をつくりたいと思っています。
まだ出会ったばかりの先生の話をこんなにも真剣に聴いてくれたみんなとなら、きっとつくれると信じています。

チャンピオンよりもチャレンジャー

語りのポイント 勝敗ではなく、挑戦心を大切にし、一緒に挑戦する仲間との友情につなげてほしいという願いを込めて語ります。子どもたちにとって身近なポケモンの話です。

[参考文献]『ポケットモンスター　めざせポケモンマスター』、テレビ東京、2023年3月24日(テレビ番組)

提示 **サトシとピカチュウの画像**

1997年から放送を開始したアニメ「ポケットモンスター」。その主人公であるサトシと相棒のポケモン、ピカチュウが2023年3月24日の放送で26年間の旅を卒業しました。

サトシはポケモンワールドチャンピオンシップでついに世界チャンピオンになります。ポケモントレーナーとしてこれほどうれしいことはありません。そんなサトシは、最終回でライバルのシゲルからこんなことを聞かれます。

提示 **「君はどこまでポケモンマスターに近づけたのかな？」**

サトシは何と答えたと思いますか？ **指名**

その場ですぐに答えず、じっくりと考えた後でサトシは相棒のピカチュウにこう答えます。

演出　以下の文を読み聞かせる

あの時どこまでポケモンマスターに近づけたのか聞かれたけど、チャンピオンはゴールじゃない。

俺はまだチャレンジャーなんだって思ってる。

もっとたくさんの冒険をしてポケモンに出会う。

毎日起こること全部一つも無駄なことなんかない。

俺、世界中全部のポケモンと友達になりたい。

それがきっとポケモンマスターってことなんだ。

ピカチュウ、いつか俺がポケモンマスターになった時、そこにいてくれるよな。

みなさんは、なぜピカチュウがライチュウに進化しないまま26年もの間、サトシと一緒に旅をし続けたと思いますか？

それは、サトシがピカチュウに本当の友達として優しく接し、「進化せずありのままの自分でいたい」というピカチュウの気持ちを大切にし続けたからです。

提示　チャンピオンよりもチャレンジャー

チャンピオンよりもチャレンジャー。

試合の勝利だけでなく、ポケモンとの友情も大事にして挑戦し続けるサトシだからこそ、真のポケモンマスターになれたのです。

みなさんも、サトシに負けないチャレンジャーになれそうですか？

自分だけの勝利だけでなく、友達との友情も大事に挑戦し続ける人になってくださいね。

ワクワクする「分からない」世界へ

語りのポイント 「全問正解」に対する受け止め方を変え、「分からない」状態を前向きに捉えて語ることで、改めて学習する楽しさや学習との向き合い方について考えるきっかけとします。

[参考文献] 蓑手章吾『子どもが自ら学び出す！　自由進度学習のはじめかた』(学陽書房、2021年)
葛原祥太先生のツイート【「分かる」世界は居心地がいいけど、「分からない」世界はワクワクする】https://twitter.com/barikii/status/1629881115069628425?s=20)

板書 **全問正解**

どんなイメージがありますか？　**指名**
(「うれしい！」などという前向きな反応が返ってくることが予想されます)
なるほど。全部分かったからうれしいですよね。
でもね、こんな見方もあります。

板書 **全問正解は残念**

どういう意味だか分かる人？　**指名**

全問正解だった子がいたら、先生はこう言います。
「残念。今日君が選んだ課題は、今の君にとってレベルが低すぎたんだね。君は、自分が思っている以上にできるってことだね」

全問正解という結果は、「本当はもっと成長できる力をもっているのに課題が簡単すぎて惜しかった、残念だった」という見方もできます。
つまり、みなさんには「分かる」世界よりも「分からない」世界を楽しみにしてほしいのです。

提示 「分かる」世界　「分からない」世界

みなさんの中には、「分かる」世界へ行きたい人のほうが多いかもしれません。それは、こういうことだからではないでしょうか。

板書 分かる→居心地がいい

分かると安心する。分かると楽しい。だから、「分かる」世界は居心地がいいですよね。でも、実は「分からない」世界にもいいことがあるのですよ。何だと思いますか？

板書 分からない→ワクワクする

分からないと、もっと知りたい。分からないと、新しいことを学ぶチャンスになる。だから、「分からない」世界は、本当はワクワクする世界なのです。

板書 「分かる」世界　⟷　「分からない」世界

みなさんは、居心地が良いからと言って、ずっと「分かる」世界にいてしまってはいませんか？「分かる」ことだけ抱えて安心していると、新しいことに出合えずおもしろくありません。いつの間にか自分から学ぼうという気持ちもなくなっていき、勉強がつまらなくなっていきます。

もしかして今ワクワクすることを忘れていませんか？　本当は勉強って学び方次第でものすごくワクワクするのです。「分からない」世界を本気で楽しんだ人にとって、その先の「分かる」世界はさらに居心地が良くなります。そしてまた、ワクワクする「分からない」世界へ飛び込んでいく。この繰り返しこそ、勉強の本当のおもしろさです。

さぁ、「分からない」世界へ、一歩踏み出そう！

心の円グラフ

語りのポイント **高学年ならではの忙しい毎日を送る中で心に余裕（語りの中では、提示する円グラフに合わせて「余白」と表現しています）をもたらす工夫について、一度立ち止まって考えられるような語りをします。**

人の心は、いつもその時に考えていることや意識していることを入れながら、少しずつその容量を増やしていきます。でも、誰しも心の容量には限界があります。考えすぎていると悩みになり、意識しすぎていると苦しみになります。大事なのは、自分の心の容量の限界を超えないように、その割合を変えることです。

板書 **心の円グラフ**

心の割合を円グラフで表したものを、「心の円グラフ」と言います。例えばみなさんはふだん、次のことをそれぞれどのくらいの割合で考えたり意識したりしていますか？

提示

・自分のこと　・家族のこと　・友達のこと　・学級のこと
・学年のこと　・学校のこと　・地域のこと

自分のことで精一杯な人は、心の中がこんな円グラフになっているかもしれませんね。

提示 **心の円グラフ①**

できれば自分のことだけでなく、いろんなことについて考えたり意識したりできる人になりたいですね。例えばこんなふうに。

提示 **心の円グラフ②**

こんな円グラフが描ける人は、ふだんから心に余白をもっています。なぜなら自分のことだけではなく、他のことも考えられるからです。

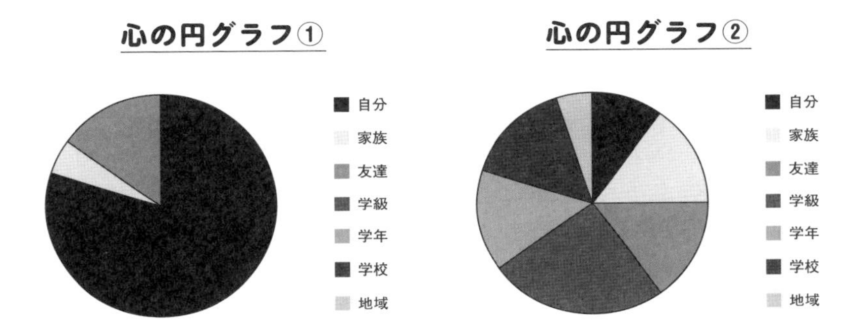

提示 **心の円グラフ③と④**

余白が多い人はどちらでしょう？ **指名**

④の心の円グラフですね。

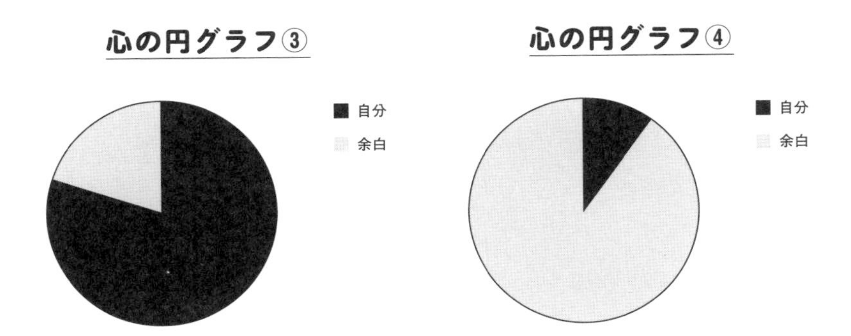

忙しい毎日の中で、心の容量の限界を超えそうになったら、自分の心の円グラフをイメージしてみてください。心の余白を上手に増やして、バランス良く考えたり意識したりできる広い心の持ち主をみんなで一緒に目指していきましょう。

自由の芽と責任の芽

語りのポイント 「自由と責任」の関係性やバランスについて語り、どんな自由や責任があるのかについて子どもたちと一緒に考えるきっかけとします。高学年としての学校生活が始まる時期に、中学年までで大切にしてきたことを引き続き大切にできる人であってほしいです。

板書 **芽の絵を描く**

これは、みなさんの心の中にある自由の芽です。

板書 **自由の芽**

誰もが育てたい芽です。自由が広がるとうれしいですよね。自分は今、どれくらいこの芽が育っていると思いますか？

体で表現してみてください。

演出 **子どもたちにジェスチャーを促す**

なるほど。でもね、同時に育ててほしい芽がもう１つあります。

板書 **○○の芽**

○○の中にどんな言葉が入るか分かりますか？ **指名**

自由の芽と一緒に育てる芽。正解は……責任の芽です。

板書　責任の芽

自由の芽と責任の芽は、同じ高さで育てていかないと心のバランスが悪くなり、思うように自由がもらえなかったり、責任の重さにつらくなったりします。

提示

A　自由の芽が高く、責任の芽が低い状態

B　自由の芽が低く、責任の芽が高い状態

Aのように自由の芽ばかり育つとわがままな心が育ち、「ルールを守る」という責任を果たさずに自由と向き合うことになります。これでは周りの人とトラブルが起きたり、危険にさらされたりして心配なので自由は与えられません。

Bのように責任の芽ばかり育つと責任感をもちすぎてしまい、限られた自由の中でがんばることになります。これでは息苦しく、心が疲れてしまいます。

自由の芽と責任の芽は同時に育てていきましょう。自由が増えると楽しい思い出ができます。責任を果たす経験を積み重ねると自信が湧いてきます。みなさんなら、どちらの芽も伸び伸びと育っていくことでしょう。

語りを糸口にした学級エピソード①

「先生がペンギンを好きな理由」は、私が人生で初めて自作した語りです。学級開きの語りとして、初任の頃から毎年行っています。なぜなら、この語りには私の学級経営観の根幹となる教育哲学が詰まっているからです。

学級は、個人の勇気と集団の結束の両面が成り立たなければ育たないと考えています。ここで言う「勇気」とは新しいことにチャレンジする勇気を指し、「結束」とは居心地の良い関係性を指します。

学校生活は、新しいことにチャレンジする日々の連続です。授業では毎日新しい学習をします。学年によっては、初めて体験する行事や活動も数多くあるでしょう。その中で、勇気を出してチャレンジできるかどうかが個々の成長に大きく関わります。しかし、人は今まで経験したことのないことや分からないことに対して臆病になってしまうものです。大人だってそうなのですから、子どもたちは尚更です。自信がない、不安だ、面倒くさそうなどの理由でチャレンジをあきらめてしまいそうになる場面もたくさんあるでしょう。だからこそ、そんな子どもたちの背中を押せるような言葉やエピソードを探し続けていました。

ある日、テレビを観ていたら私の好きな動物であるペンギンのドキュメンタリー番組が放送されていました。そこでファーストペンギンの話を知り、一人では勇気を出せなくても、仲間がいるから勇気を出してチャレンジできることがあるのだと学びました。こうした視点を学級の子どもたちと新年度に共有することで、仲間を意識しながら自分自身のチャレンジへと気持ちを向けられるようにしています。初めは勇気が出せない子も、周りの仲間たちが少しずつ勇気を出して新しいチャレンジに臨んでいく姿を見て勇気を出すようになっていきます。その瞬間を見逃さず、担任として個別に励まし、価値付けていくようにしています。

一方、個を育てるだけでは学級経営は上手くいきません。集団として居心地の良い関係性がなければ、安心して勇気を出せる環境づくりができないからです。ペンギンが吹雪の中を仲間と助け合って体を温め合う姿は、温かく居心地の良い関係性を視覚的にイメージできます。学級の雰囲気づくりとして目指すゴールを新年度に同じ学級の仲間たちと共有することで、その後の人間関係づくりやコミュニケーションの在るべき姿を考える土台となります。また、「ペンギンだってこんなに助け合って生きているのだから、人間の僕らができないわけがない」といった子どもたちの背中を押すメッセージも伝えることができます。つまり、個と集団の両面から語ることができるのです。

毎年この語りを新年度にしているので、まだ担任していない子どもたちからも「ペンギンが好きな先生」というイメージが定着しています。だからこそ、『先生がペンギンを好きな理由』というタイトルにすることで、新年度から興味をもって語りを聴けるようにしています。構成や言葉遣いの修正も含め、４月に出会う前から、担任する子どもたちの実態に合わせて語ることができるように準備をしています。

私の学級では、学級開きに担任の自己紹介と合わせてペンギンのぬいぐるみを１つ用意しています。毎年子どもたちに新しいぬいぐるみを提示し、その学級のマスコットキャラクターとして名前を考えてもらい、教室に置いておきます。授業や学級会、行事など学校生活のあらゆる場面で活躍します。教室前方には、歴代の学級のマスコットキャラクターを担ったペンギンのぬいぐるみたちが立ち並んでいます。担任していた子どもたちが進級した後、「先生、あの頃のペンギン、今もいる？」と教室を覗きに来ることもあります。

こうした環境づくりもしながら、ペンギンの生き方から学んだことを自分事として落とし込み、日頃から勇気や結束を意識できるようにしています。その積み重ねが、新しいチャレンジへと踏み出し、お互いに認め合える居心地の良い関係性を築く学級へと成長させる鍵となるのです。

語りの技術

「探す力」

ここでは、「探す力」の中から
6つのスキルについて紹介します。

スキル① 文字・単語の素材化

私たちは、言葉を使って思考したり、会話したりします。その言葉をさらに細分化すると、文字や単語になります。実は細かく見ると、1文字1文字にも意味が込められていることが分かります。特に漢字の世界は非常に奥深いです。同じ読み方でも意味の違う漢字は世の中に多く存在します。漢字1文字のインパクトはとても強いです。また、言葉の意味は構成している漢字が教えてくれます。部首や成り立ち、読み方などを丁寧に調べてみましょう。魅力的な漢字が組み合わさり、熟語になるとより一層おもしろさを増します。四字熟語を調べてみても、興味を惹くような熟語がたくさんあります。日本人として、こうした漢字文化の美しさに惚れ惚れします。一方、英語の綴りを一捻りすると別の英単語になることはよくあります。例えばCHANGEとCHANCE。たった1文字の違いですが、意味はまったく違います。文字遊びもやり方次第で素材となります。

スキル② 言葉・文章の素材化

あなたにとって、名言とは何ですか。きっと昔の偉人の言葉を思い浮かべる人が多いと思います。しかし、名言とはもっと身近なところにあふれているのです。昔の偉人だけでなく、あなたや子どもたちが好きな有名人やプロスポーツ選手など、現代の偉人からも名言を得られます。さらに私は、先輩の学級通信や校長室だより、教育長だよりから得た名言もたくさんあります。何気なく読んだ新聞記事、SNS上で見かけた言葉も時として名言となります。名言はそこら中にあります。出典元も含めて幅広く探しておきたいです。

文章の中でも、詩の作品は素材にしやすいです。世の中に名作と呼ばれる詩は多くありますが、子どもたちが読んでも分かりやすい詩というのは意外と限られています。それらを選び取る力も必要です。短い詩ほど、合言葉にもなります。

また、素材探しをする上で、読書は必要不可欠な営みです。読書は視野を広げ、語る内容に新たな変化をもたらしてくれます。

スキル③ 言葉・文章＋画像・映像の素材化

言葉や文章だけでも十分魅力があるのに、そこへ画像（絵や写真）と映像が組み合わさるとさらに素材探しがはかどります。

新聞を毎朝読んでいる人は少ないかもしれません。私はせめてお正月には、必ず全社の新聞を購読するようにしています。なぜなら、お正月の新聞は特別な記事や広告がたくさん載っているからです。

また、絵本の世界は広大です。まだ知らない名著は数多く存在しています。言葉と絵の組み合わせが絶妙です。

テレビ番組やYouTube動画も素材となる言葉や動画の宝庫です。テレビの身近な疑問を解決する番組やインタビュー番組、幼児向け番組、アニメからも素材を得られます。YouTubeも今は教育系チャンネルの幅が広く、子ども向けに分かりやすく伝えている学習動画もあります。どちらも自分のアンテナを高く保っていれば、自然と素材が近づいてくるはずです。私は自分にとって引っ掛かる言葉が聞こえてきたら、すぐにメモを取っています。余裕があれば写真やスクリーンショットを撮ります。これら１つ１つが自分の財産となります。

スキル④ 話の素材化

あなたの身近な人との会話の中で、「いい話だな」と思った経験はありませんか？　聞き流していたらもったいない！　それがそのまま素材になることだってあるのです。私も「この前こんなことがあってね……」といった友人や妻との会話から語りの素材が生まれたことがあります。

勉強会で出会った先生や恩師の話からは、興味深いエピソードや新しい考え方を得られます。その中で心に残り続けている言葉を見つけたら、なぜ自分はその言葉が心に残っているのかという理由を深掘りして考えるようにすると、語りの素材となります。

素材化する話は会話以外からも得られます。何気なくラジオを流しながら車を運転していたら、聞こえてきた話からヒントを得たこともありました。いつも「この人の話から思わぬ素材をいただけるかも」と思いながら話を聴くと、素材との出合いが増えていきます。

スキル⑤ 説話の再編成

教育界には既に、先人たちが数多くの説話を残してくださっています。私はこうした説話集を読むのが大好きです。しかし、そのまま使うのではなく、必ず自分なりに再編成して使っています。なぜなら、目の前にいる子どもたちの実態が違うからです。また、再編成をすることでより内容の理解が深まり、先人から教わった話の一歩先の話を子どもたちに贈り届けることもできます。

教育的な説話は、教育書からのみ素材を得ているわけではありません。教育書ではない本からも、素材となる考え方や言葉を得ることができます。自分自身が創った説話を複数組み合わせて再編成することもあります。あえて２つの素材を組み合わせて１つの話にすることで、素材の魅力が高まることもあるのです。

スキル⑥ 自分の好きな物の素材化

素材探しの第一歩は、自分の好きな物を深く見つめ直すことから始めてみましょう。そこから見つけた言葉や考え方は、あなただからこそもっている、とっておきの素材だからです。

私は、先生それぞれの個性をもっとむき出しにして語っていいと思っています。誰かが決めたいい話ではなく、あなただからこそ語れる話をしてみてください。目の前の子どもたちにとって、「この先生の話ならどんな話も聴きたい」と思える語りを積み重ねましょう。

CHAPTER

2

2学期は何を話したらいい？

夏休み明け～２学期の語り

２学期の学級経営のポイント

ポイント１　主語を自分たちにして動く

学校生活の主人公は、子どもたちです。だからこそ、主語を自分たちにして動くことを大切にしながら学校生活を送ってほしいと願っています。しかし、２学期になってくるといつの間にか受動的になり、主語を「先生」にしてしまう子もいます。主語を自分にして向き合い続けるにはそれなりの精神力や体力がいるのです。だからこそ、２学期始めに改めて、「先生が言ったから」ではなく、「自分で決めたから」で動けるように、語りを通して考える場としたいです。

ポイント２　現実を嘆くのではなく、理想に近づける

２学期になると、新しい環境に慣れて様々な現実が見えてくるようになります。すべての出来事について前向きになれるといいですが、実際はそう簡単にはいきません。子どもたちはついそんな現実の困難さや制約ばかりに注目してしまいそうになります。こうした時期に、現実と理想の差を嘆くのではなく、現実を理想に近づけていく過程を楽しむ大切さを伝え、前向きに捉え直すようにしたいです。

ポイント３　目指すチーム像の共有

子ども同士の関わりを通して学級内の仲間関係が形成されてきたら、２つの目的で目指すチーム像について改めて全体で共有します。１つ目は、学級内の仲間関係をより一層深めるためです。１学期で築かれ始めた関係性が、２学期からより強い結びつきで一人一人が安心できる関係性になるよう、学級集団としての成長を目指します。２つ目は、学級内だけでなく、学年内の仲間関係へと視野を広げるためです。学年全体で動く行事が重なる２学期こそ、学年集団としての成長も同時に目指します。

ポイント4 メリハリをつけるために、節目をつくる

高学年からは、自分自身でメリハリをつける力を身に付けていきたいものです。学校生活内の１日のルーティンが決まってくると、１つの大きなかたまりとして捉えるようになり、その中に節目をつくることを忘れてしまいます。人は慣れると１日を節目なく過ごしてしまうのです。特に忙しい毎日を過ごす高学年は、自分で節目を意識せずに、教師から言われるがまま思考停止で動く場面も出てきやすくなります。そこで、自分自身で１日の中に節目をつくるために「静と動」という視点を与えます。１日の中の節目は日々のメリハリへとつながり、活気あふれる学校生活を送れるようになります。

ポイント５ 形だけでなく、気持ちを大切に

２学期には、運動会や文化祭などの大きな学校行事が開催されます。高学年は行事の中でも花形となるプログラムを任されることが多い学年です。しかし、形だけ花のように整えても花形とは言えません。そこに気持ちが入っているかどうかが重要なのです。いくら形の見た目が良くても、気持ちが伝わらなければ見ている人を感動させることはできません。そこで、本番の日が近づいてくる時期に「形だけでなく、気持ちを大切に」という視点で語ります。子どもたちが高学年らしく華々しい活躍ができるように、準備や練習の段階から気持ちを入れていけるようにしたいです。

ポイント６ 利他の精神をもつ

２学期から３学期にかけては、学級内だけでなく、学年内や学校内、地域内においてもお互いに助け合えるような人へと成長していってほしいです。そのためには、利他の精神について理解し、行動に移すことが大切です。自分の友達だけでなく、もっと広い視野で自分と関わる人について考え、利他的な行動を認め合える雰囲気づくりへとつなげていきたいです。２学期の終わりはちょうどクリスマスの時期です。サンタさんの話から利他の精神について改めて学ぶ機会とします。

[ポイントと各語りの関係図]

2学期の学級経営のポイント	糸口となる語り
主語を自分たちにして動く	『主語を間違えてはいけないよ』
現実を嘆くのではなく、理想に近づける	『現実を理想に近づける』
目指すチーム像の共有	『一致団結の串団子』
メリハリをつけるために、節目をつくる	『静と動』
形だけでなく、気持ちを大切に	『最大のアトラクションは』
利他の精神をもつ	『みんなサンタさんになれる』

２学期始めには『主語を間違えてはいけないよ』や『現実を理想に近づける』の語りをして個々の当事者意識を育てます。学校生活の主人公は自分たちであり、現実を変えていくのも自分たちであるという意識改革が、１学期以上の大きな行動の変化へとつながるきっかけとなります。個々の当事者意識が育ってきたら、学級集団の成長に目を向けて『一致団結の串団子』の語りをします。当事者意識が高まった子どもたち一人一人が目指すチーム像を共有することで、チームとしての更なる成長を促します。２学期の中頃には、大きな学校行事が控えていることが多いでしょう。行事は成長のチャンスと捉え、本番に向けて『静と動』や『最大のアトラクションは』の語りをします。自分だけでなく、他人のことにも目を向ける余裕が生まれてくる２学期の終わりには、クリスマスの時期に合わせて『みんなサンタさんになれる』の語りをします。冬休みを温かい気持ちで迎え、３学期からの学校生活につなげていきます。

高学年2学期の学級経営に位置付ける

利他的な行動を
認め合おう！

利他の精神を
もつ

みんなサンタさんに
なれる

一致団結した
チームになろう！

目指す
チーム像の共有

一致団結の串団子

学校生活の
主人公になろう！

主語を
自分たちに
して動く

主語を間違えては
いけないよ

感動を届ける
キャストでいよう！

形だけでなく、
気持ちを大切に

最大のアトラクションは

メリハリをつけて
毎日を過ごそう！

メリハリを
つけるために、
節目をつくる

静と動

前向きに現実と
向き合おう！

現実を嘆くの
ではなく、
理想に近づける

現実を理想に近づける

主語を間違えてはいけないよ

語りのポイント　お客さん状態になりがちな高学年特有の時期から脱却するきっかけとなる語りです。5年生は特に、主語を自分に切り替えさせるためにも、高学年の学校生活に慣れてきた頃に語り聞かせたいです。

板書　主語

何をするにも、物語の中で起きる出来事の主語は、その物語の主人公であるはずです。先生はこの学校生活も、現実で起きている大きな物語だと思っています。そして、その主人公はいつも……

演出　子どもたち一人一人と目を合わせるように教室を見回す

今ここにいるあなたたち一人一人だと思っています。だからこそ、学校生活の中で起きる出来事の主語は、いつもあなたたち自身でないと、「主語は自分」の学校生活を送ることはできません。

板書　主語は自分

間違えてはいけないのは、学校生活の主語は先生ではないということです。今あなたたちは、どちらを主語に学校生活を送っていますか？

提示　主語は自分→○　主語は先生→×

例えば、今この話を、あなたたちはどちらを主語にして聴いていますか？主語は自分だと思って聴いている人は、自然と姿勢よく目線を先生に向けています。そんな人はきっと、先生の話から多くを学び、自分の行動を変えていき、大きく成長できる人になれるでしょう。なぜなら、学校生活という物語を主人公として楽しむことができるからです。一瞬一瞬の主語を自分にして楽しめるといいですね。

一方、「先生が話しているから」というなんとなくの理由で話を聞いている人は、主語は先生だと勘違いしている人です。そんな人は、何をするにも先生がどうするかで決まってしまい、学校生活の主人公として楽しむことはできません。上手くいっても自分たちの力で成し遂げたわけではないし、上手くいかなかったら他人のせいにする悲しい人になっていきます。

提示 主語を間違えてはいけないよ　主語は自分

主語を間違えてはいけないよ。主語は自分なのです。そして、主語を自分にしてこの物語を楽しむか、主語を他人にしてこの物語を悲しむか、選ぶ時の主語も自分なのです。

先生はみんなに、「主語は自分」の学校生活を送ってほしいと思っています。特に高学年の学校生活は、主語を自分にすればするほど楽しめますが、主語を他人にすればするほど忙しい毎日の中でどんどんと苦しくなっていきます。
ここで卒業に向かって「主語は自分」を貫き通せた人は、卒業した後も「主語は自分」の生き方がきっとできるはずです。

板書 自分の人生は、自分で歩む。

自分の人生は、自分で歩むもの。あなたの人生の主人公は、あなた自身です。まずはこの学校生活という物語の上で、いつも主人公でいてください。そのために、「主語は自分」を意識し続けていきましょう。きっとその先に、楽しい物語が待っているはずです。

最後にみんなで声を揃えて言ってみましょう。さん、はい。

斉読 主語は自分

現実を理想に近づける

語りのポイント 忙しさや学習の難易度、人間関係上の悩みが増して現実の困難さばかりに注目してしまいそうになる時期にこそ語ります。現実と理想の差を嘆くのではなく、前向きに現実を理想に近づけていく過程を楽しむようにしたいです。「現実は自分で変えられるものだ」と。

板書 **理想　現実**

それぞれどんな意味の言葉ですか？ **指名**
理想はなりたい自分や目指すゴールとなる姿です。毎日を楽しみたい、勉強が分かるようになりたい、友達ともっと仲良くなりたい、夢を叶えたいなどの気持ちから思い描くイメージです。
現実は、今ここにいる自分のありのままの姿です。毎日をどう過ごしているか、勉強が分かるか、友達との関係はどうか、夢に近づいているかなどを振り返り、ありのままに言葉で表されるものです。

では、今からあなたの理想について、思い描いてみてください。生活面でも学習面でもかまいません。なりたい自分や目指すゴールをできるだけ細かくイメージするのです。目をつむって、はじめ。

演出 **30秒間黙想する**

やめ。今思い描いた理想と現実を比べて、どれくらい差がありますか？あまり差がなかったよという人？ **挙手**
なるほど。では、かなり差があったよという人？ **挙手**
（差があったと手を挙げる子が多いと予想できます）
どうやら現実と理想の間にはかなり差があると感じる人が多そうですね。
そんな時、みなさんはこんなことを思っていませんか？

提示 **どうして理想は現実に近づいてきてくれないのか**

理想が遠くにある。現実に近づいてきてほしいと思う人？ **挙手**
その気持ち、すごくよく分かりますよ。でもね、近づくのは……
今ここにいる現実のあなた自身なのです。

板書 **現実を理想に近づけられる人に**

この２つの図を見てください。

提示 **以下の２つのベン図**

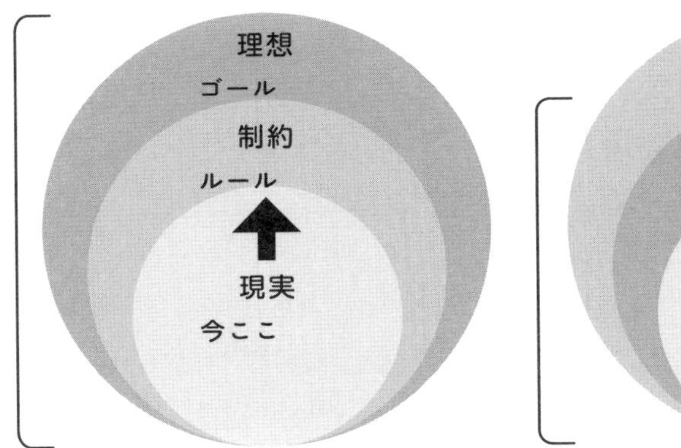

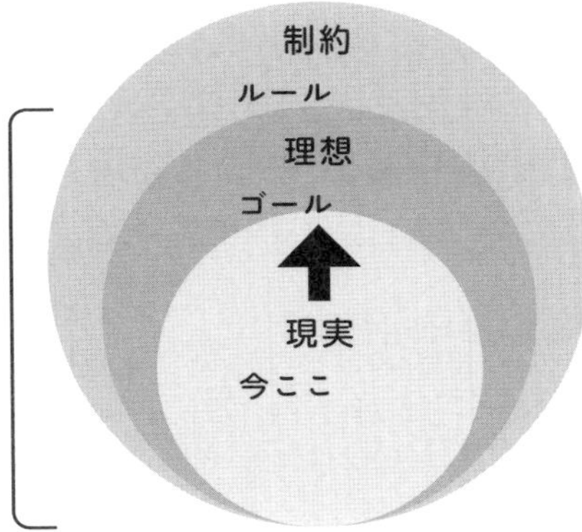

人はみんな、制約と呼ばれる決められたルールの中で生きています。そんな制約が邪魔して理想にたどり着けないと文句ばかり言っていても、現実を理想に近づけることはできません。実は、理想とは制約の中で叶えていくものなのです。現実の今ここから、制約の中で叶えられる理想はすぐ近くにあるのです。できることから少しずつ前向きに努力してみましょう。制約は変えられなくても、理想に向けて現実は自分次第でいくらでも変えていけるのですから。

一致団結の串団子

語りのポイント　一致団結とはどんな状態のことを指すのかについて、みんなで具体的にイメージを共有することで、集団として学級が成長し、より一層協力し合う関係性が生まれるきっかけとします。

板書 **一致団結（ふりがな付き）**

今のあなたたちと、改めて一緒に考えたい言葉です。さん、はい。

斉読 **一致団結**

“一致”は何か１つのことにみんなで向かうこと、“団結”は団子のようにみんなが結ばれていることを意味します。

では、“団子のように結ばれる”ってどういう意味なのでしょう。少し想像してみてください。

提示 **串団子の絵Ａ、Ｂ、Ｃ**　**演出** **３枚同時に見せる**

一致団結の団は、どの団子のことを言っているのでしょう？

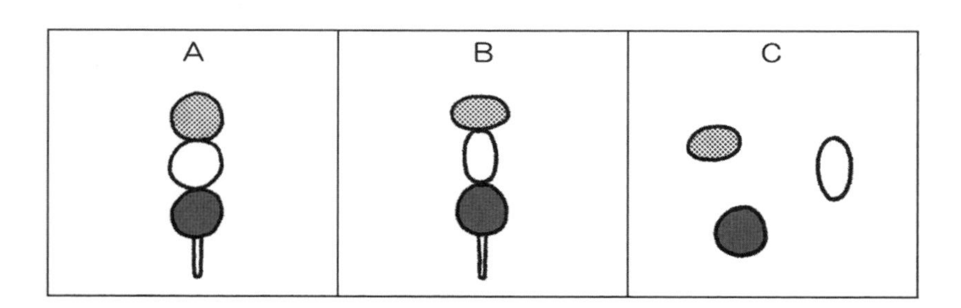

挙手 指名

A、B、Cそれぞれで子どもたちに選んでもらい、理由も聞く

まず、Cの団子を見てみましょう。串がささっていませんね。実は、串は「ルールやマナー」なんです。ルールやマナーのない団子は一致団結しているとは言えません。

では、Aの団子はどうでしょう？　串がしっかりとささっていて、ルールやマナーがきちんと守られているように見えますね。
でも、団子の大きさや形がみんな同じです。

最後にBの団子を見てみましょう。団子の大きさや形が違ってなんだかおもしろそうですよね。だけども、串はしっかりと通っている。このBの団子のように、それぞれが人とは違う自分らしさを出しながらも、ルールやマナーも守られている。これが、一致団結という意味です。

あなたたちは、一致団結したBの団子のように、チームとして成長していけるでしょうか？

その集団が一致団結しているかどうかは、集団の中にいる一人一人の態度や姿勢、行動を見ればすぐに分かります。
前向きな態度や良い姿勢で同じ方を向いている姿、進んで行動し、仲間と協力できる集団は間違いなく一致団結していると言えます。

こうした態度や姿勢、行動は、いつもどんな言葉を使い、どんなことを考えているかで大きく変わっていきます。
「ありがとう」という感謝の言葉や、「がんばっていたね」という認める言葉をたくさん使っていますか？　自分のことだけでなく、チームのためにできることを考えていますか？

更なる一致団結に向けて、一緒に意識して動きましょう。

静と動

語りのポイント 子どもたちが1日の中に節目をつくりながらメリハリをつけられるように、「静と動」という視点で語ります。「静」とは気持ちを落ち着かせて静かにする時や場所を指します。「動」とは大いに盛り上がったり、思い切り動いたりする時や場所を指します。静と動の節目を意識し、メリハリをつけて気持ちを切り替えられるように促します。

演出 子どもたちが静かに着席している状態で数秒沈黙する

今、あなたたちはこんな時間を過ごしています。

板書 静

何と読みますか？ 指名

はい、「せい」「しずか」という漢字ですね。気持ちを落ち着かせて静かに集中している状態です。今みなさんは、先生の話を聴く時だからこそ、静の時間を意識しています。

では、静の時間の逆は何だと思いますか？ 指名

板書 動

何と読みますか？ 指名

はい、「どう」「うごく」という漢字ですね。本気や全力を出して、大いに盛り上がったり思い切り動いたりしている状態です。今から静の時間から動の時間に切り替えてみましょう。全員立ってください。

クラスの仲間たちとペアをつくってジャンケンをします。勝った子は着席して、まだ立っている子とジャンケンをします。負けた子はまた別の子とペアをつくってジャンケンをします。一度でも勝てたら着席します。全員着席できたらまた静の時間に切り替えてください。それでは、はじめ。

演出 ジャンケンで盛り上がる時間をつくる

演出 教室内が動の時間から静の時間に切り替わるまで待つ

だんだんとまた静の時間に切り替わってきましたね。みなさんのおかげで先生も落ち着いて話の続きができます。

先ほどのジャンケンを楽しめた人？ **挙手**

自分から進んで動き、いろんな人とジャンケンができた人は思い切り動の時間を過ごせた人です。こういう人は、静の時間から動の時間に切り替えるのが上手な人です。

板書 切り替え

でも、切り替えるタイミングはそれだけではありません。今、席に着いてすぐに先生の方を向いて静の時間を過ごしていた人が何人もいました。こういう人は、動の時間から静の時間に切り替えるのが上手な人です。どちらの切り替えもできる人になりましょう。

提示 切り替える時間　切り替える場所

１日の中には必ず静から動、動から静へと切り替える時間や場所があります。先ほどみなさんには切り替える時間を体験してもらいましたが、場所に合わせて静なのか動なのか判断できる人にもなってください。例えば、教室内で走ってはいけない理由は分かりますね。教室という場所は、静の場所だからです。

提示 切り替え→節目、メリハリ

切り替え上手な人は、自分で節目をつくることができ、メリハリをつけて１日を過ごせる人です。メリハリのある１日を過ごせると、メリハリのある毎日を過ごせるようになります。

静と動をこれからも意識していきましょう。

最大のアトラクションは

語りのポイント 大きな学校行事の本番前に、「形だけでなく、気持ちを大切に」という視点で語ります。人を感動させるのは見栄えではなく、参加者一人一人の気持ちだということを伝えます。

[参考文献] ウォルト・ディズニーの言葉「最大のアトラクションは、キャスト。」：ディズニーで起きた感動エピソードまとめ (snaplace.jp)

提示 **ディズニーのアトラクションの写真**

ここはどこだと思いますか。分かる人？ **指名**
はい、ディズニーランドやディズニーシーですね。

板書 **最大のアトラクション**

みなさんは、ディズニーの最大のアトラクションは、何だと思いますか？ **指名**
なるほど、どれも魅力的なアトラクションですね。答え合わせは、ディズニーを生み出した人に聞いてみましょう。ミッキーマウスの生みの親、ウォルト・ディズニーさんです。

提示 **ウォルト・ディズニーの写真**

彼は、こんな言葉を残したそうです。

板書 **最大のアトラクションは、キャスト。**

キャストとは、ディズニーランドやディズニーシーで働く人たちのことを意味します。人が最大のアトラクションってどういうことなのでしょう？
今日は数あるキャストさんのエピソードの中から、1つだけ紹介します。

演出 **以下のエピソード文を読み聞かせる**

ある日、子供を亡くした夫婦がディズニーランドに訪れました。その子は亡くなる直前までミッキーのぬいぐるみを抱いていたほどディズニーが大好きでした。毎年誕生日になると、必ずディズニーランドでお祝いしていたそうです。子供を亡くした悲しみにくれていた夫婦は、毎年の約束を守ろうとディズニーランドに訪れたのでした。事情を知ったキャストさんは、混んでいるにもかかわらず、２人分の席ではなく４人分のテーブル席に夫婦を座らせてくれました。そして頼んでもいないのに亡くなった子どもの分まで料理が運ばれてきてサービスだと言います。急に店内が暗くなり、運ばれてきたのは亡くなった子どものためにキャストさんのサプライズで用意されたバースデーケーキでした。周りのキャストさんやお客さんみんなで「おめでとう」の声が挙がり、拍手が起きたそうです。その時です。夫婦の間でうれしそうにはしゃいでいる亡くなった子の姿が見えたそうです。その子は夫婦に微笑みながら「パパとママ、ありがとう」と言っているようでした。夫婦はディズニーランドで起きた奇跡を胸に、２人で手を握りしめました。

演出 **読み聞かせ後、たっぷりと間を空ける**

提示 **心を動かす場所は、そこにいる人でつくる。**

世の中には心を動かされる場所が数多くあります。それらの場所は、そこにいる人たちでつくられています。ディズニーが心動かされる場所である理由は、ディズニーで働く人たちがお客さんの心を動かすようなおもてなしをしているからなのです。

これから参加する学校行事も、参加者である私たちで、見ている人の心を動かす場所へとつくり上げていきませんか？　心動かす場所になるかどうかは、そこに参加するあなたたち次第ですよ。

みんなサンタさんになれる

語りのポイント　２学期の終わりはちょうどクリスマスの時期です。サンタさんの話から利他の精神について改めて学ぶ語りをします。また、この語りを機に、クリスマスの時期でなくても「プレゼント」を意識し、想像力を働かせて思いやりをもてる人へと成長してほしいです。

演出　クリスマスの時期が近づく頃に話す

メリークリスマス！
クリスマスと言えば、みなさんはこの人を思い浮かべるのではないでしょうか？

提示　サンタさんの画像

クリスマスと言えばサンタさん。みなさんがそうやってすぐに思い浮かべることができるのは、サンタさんに何かすごいところを感じているからではないでしょうか？
では、みなさんにとって、サンタさんのすごいところは何でしょう？
いくつか教えてください。 指名
なるほど。サンタさんになれるなら、なってみたい人？ 挙手

先生は、サンタさんのここがすごいと思います。

提示 **相手のほしいものをプレゼントできる想像力**

みなさんもそう思いませんか？　どんな子にだってそれぞれ何がほしいかを想像し、ちゃんと相手の立場になってほしいものをプレゼントできる。これってすごいことですよね。

板書 **物　×**

でも、プレゼントするものは、お金で買うような「物」でなくてもうれしいものです。例えば、友達と一緒に楽しいことをする。これだけで、あなたはその友達に「大好きな友達と一緒に過ごす時間」をプレゼントしているわけです。困っている人を助ける時も、同じようにプレゼントしています。

提示 **プレゼント＝今／前もって用意したもの**

ちなみに、プレゼントには「贈り物」以外に「今」「前もって用意したもの」という意味もあります。今、相手がほしいものは何かを想像し、前もって用意したものすべてがプレゼントになります。

つまり、プレゼントはクリスマスの日だけにするものではないのです。いつでも、今からでもできるのです。大事なのは、相手のほしいものを想像する力です。サンタさんのようにね。

板書 **みんなサンタさんになれる**

そうすれば、みなさんはいつでも、今からでもなれるはずです。

みなさんの大切な人にとっての、サンタクロースに！

語りを糸口にした学級エピソード②

５年生のキャンプは、子どもたちにとってもビッグイベントです。だからこそ、どの子にとっても楽しい思い出として心に残る宿泊学習とするのが５年生担任としての使命だと思っています。そのためには、宿泊学習を通して子どもたちの何を伸ばすかという教育的なねらいを明確にしなければなりません。まずは学年部の先生方と話し合う中で、担任している子どもたちの中にはまだまだ受け身な子が多く、お客さん状態から抜け出せないことが問題意識として挙がりました。

そこで、担任する学級で『主語を間違えてはいけないよ』という語りをし、楽しい思い出は先生たちから与えられるのを待っているものではなく、自分たちで創り出していくものだという考え方の転換を図りました。その後は「主語は自分」を合言葉にし、あらゆる場面において「自分たちで気付き、考え、行動する大切さ」について学級の子どもたちと一緒に確認していきました。

数日後、各クラスの学級委員たちが集まるリーダー会を取り仕切ることになりました。ここでも「主語は自分」の大切さを語り、学級委員同士で考え、話し合う場を重ねていく中でまずは学級委員の子どもたちの意識改革を進めました。少しずつ「主語は自分」を自分たちの課題として意識するようになった学級委員の子どもたち。自分たちで考え、学年集会の場で発表したキャンプのスローガンには「一致団結」という言葉が入っていました。

では、「一致団結」とはどんな状態のことを指すのでしょう。子どもたちに聞いてみると、具体的に説明できる子はほとんどいませんでした。そこで、『一致団結の串団子』という語りをしました。串団子を比喩にしながら、ルールやマナーをみんなで守る中で、それぞれの個性が発揮されながら協力し合うことが一致団結なのだというイメージを共有することができました。「今このクラスは、あの串団子のように一致団結できているかな？」と問いかけ、振り返る時間も多く取りました。

キャンプの日が近づいてくると、学級委員主導の「キャンプに向けてがんばろうキャンペーン」が行われました。「主語は自分」「一致団結」という意識やイメージが強化された子どもたちは、自ら気付き、考え、仲間と声を掛け合いながら行動することができるようになっていきました。このような変化１つ１つを見逃さず、学級通信に載せて紹介し、認めて価値付けていく中で子どもたちの行動の変化はさらに強化されていきました。キャンペーン最終日には目標としていた満点を取り、クラス全員で拍手して喜び合いました。

こうした成長は宿泊学習中も見られ、学年の前に立つ私も心動かされる場面が数多くありました。もちろん、宿泊学習を通して改めて見つかった課題も数多くあります。しかし、タイミングを逃さず語り、考える場を積み重ねていくことが少しずつ子どもたちの行動を変え、成長につなげていける手応えは確かに感じることができました。

この宿泊学習での経験を通し、私は「語りの話し手である教師自身が本気にならなければ、聞き手である子どもたちが本気になることは絶対にない」のだと、身をもって学びました。子どもたち一人一人を主語にするために、準備を全力で行い、安心して宿泊学習に参加できる環境づくりをしてきました。さらに担任する学級の子どもたち一人一人にメッセージ付きの栞を作り、励ましや願い、期待を伝えました。キャンプファイヤーでは私たち担任チームも出し物をし、子どもたちと一致団結して楽しむ場ができました。「先生たちは本気だ！」という気持ちが込められた語りこそ、子どもたちの心を動かします。まさに「何を語るか」ではなく「誰が語るか」なのです。

帰りのバスの車内で「最高のキャンプだった！」と叫ぶ子どもたちの声を背中で聴きながら、本気で準備や練習をし、語り、動き続けてきて本当に良かったと温かい気持ちになりました。

そしてこの宿泊学習を通して、私自身も臨機応変に語る力を磨く成長の場となりました。語りは経験を重ねれば重ねるほど磨かれていきます。私も読者のみなさんと一緒に、こうした貴重な経験をこれから積み重ねていきたいです。

語りの技術

「創る力」

ここでは、「創る力」の中から
6つのスキルについて整理します。

スキル① 実態に合わせて構成や言葉遣いを修正する

何を話したらいいのか、分からない。そんな時こそ、話の聞き手である目の前の子どもたちの実態について言語化してみてください。ここで言う実態とは、学年や性別に限りません。抽象的な物事に対する理解度や家庭環境の違い、身近に感じている物事なども含みます。ここまで把握した上で、話の構成や言葉遣いを修正します。

子どもにとって素材との出合いが初めての時ほど、身近な話や目指したくなるゴールから語り始め、話題に対する抵抗感を下げます。

例えば素材元が校長講話なら、元々は全学年の児童に向けての話です。創り直す際は、聞き手である子どもたちの学年の実態に合わせて話の構成や言葉遣いを修正し、難易度を調節します。

スキル② 導入、中盤、終盤で伝える内容を変える

「順序効果」*A を念頭に置くと、語りにも少なからず順序が存在していると言えます。その中でも「初頭効果」*B と「親近効果」*C を意識し、導入、中盤、終盤それぞれで伝えるべき内容を考えています。初頭効果は印象付け、親近効果は記憶付けの効果をもたらします。初頭効果を意識して先にタイトルを提示し、どんな話なのか考えながら聞くように促すことで、最初に強く印象を残し、最後まで話に集中できるようにします。また、印象が強い導入段階のうちに、身近な話題や比喩によってイメージの具体化を図ります。

一番伝えたい言葉は親近効果を意識し、中盤〜終盤に伝えることで記憶に残すようにしています。特に終盤では、子どもたちが自分事として行動できるような言葉の結び方を考えて話を創ります。

スキル③ 分かりやすくする

話を分かりやすくするためには、話題の焦点化、具体例や比喩の提示、相手意識の３つの視点で語る内容を推敲しています。

たくさんのエピソード素材や伝えたいメッセージの中で、主題となるものやキーワードを探り、焦点の当て方を工夫しています。

また、具体例や比喩を用いることで、子どもたちが納得できるような意味や理由を伝えたり、自分たちの現在の状況から未来の理想像に向けてイメージしやすくしたりしています。抽象的な話題でも、具体例とセットで提示すれば聞き手も抵抗感なく聞き取れます。

相手意識を働かせ、聞き手である子どもたちの立場から話の内容を推敲すると、もっと分かりやすくできそうな箇所が見えてきます。例えば長期休み明けの話は、久しぶりに話を聞く側の子どもたちの立場から考え、あえて短く終わるシンプルな内容を心掛けています。時には子どもたちに合わせて造語を提示することもあります。

スキル④ 解釈や素材を付け加える

あなたが探してきた語りの素材は、そのまま話しても確かに効果はありますが、解釈や素材を付け加えることで、より目の前の子どもたちの実態に合わせた語りを創り上げることができます。なぜなら、素材は元々別の受け取り手を対象にしていたからです。目の前の子どもたちにとっての「何を伝えたいのかが分かる」語りを目指します。

賛否が分かれる話題は、そのバランスを考えて解釈を付け加えます。また、実際にどんな場面で使える言葉であり、どんな行動につながる考え方なのかという解釈は常に付け加えるようにしています。その際、裏付けとなる事実を忘れてはいけません。素材の出典元だけでなく、様々な情報を集約し、付け加えるべき解釈を見定めます。

１つの素材ではメッセージ性が弱いと感じる場合、別の素材と組み合わせることがあります。その際、足し算ではなく掛け算を意識します。素材同士を掛け合わせて語りの質が良くなるか見定めます。

スキル⑤ 余計な説明を省く

説明は語りの大敵です。説明を入れれば入れるほど語りの質が落ちてしまいます。なぜなら、語りは「引き算の美学」で成り立つものだからです。最も伝えたいことや考えさせたいことを残し、余計な説明を省くことで、子どもたちの心をつかむ語りは実現していきます。説明による蛇足ではなく、語りを引き立てる言葉を紡いでいくのです。

例えば、物語の内容を要約したり、伝えるメッセージを厳選したりします。また、「誰がその言葉を言ったか」を提示してしまうと、話し手の意図とは別の方向に聞き手の興味が惹かれてしまうことがあります。それを防ぐために、素材元の紹介を省くこともあります。

このように、言わなくても伝わる言葉や、語りのねらいに合わない情報を省きます。引き算の繰り返しで、語りは磨かれていきます。

スキル⑥ 素材の魅力を引き立てる

素材の魅力を引き立てる際には、「両面提示の法則」*Dをよく使っています。あえてデメリットに共感する場面をつくることで、その後に提示するメリットに聞き手の納得感が得られやすくなるようにしています。

また、価値付けたい言葉の表現を素材に寄せたり、読み聞かせを途中で止めて考える時間をつくったり、具体例の提示部分に幅をもたせ、アレンジする余白をあえて残して創ったりしています。こうすることで、より素材の魅力を引き立てた語りになります。

＊A　順序効果：心理検査を実施する際に、質問の順序によって、同じ質問であっても被験者の反応が異なる心理効果
＊B　初頭効果：最初の印象が相手にとって強く残る心理効果
＊C　親近効果：最後に伝えた情報が記憶に残りやすい心理効果
＊D　両面提示の法則：良いところだけを紹介した時よりも、悪いところも併せて紹介したほうが、説得力を高めるという法則

CHAPTER

3

3学期は何を話したらいい？

3学期～学級終い・卒業式の語り

3学期の学級経営のポイント

ポイント1　自立し、下級生のお手本となる

高学年の3学期からは学校のリーダーとして利他の精神が芽生え、利他的な行動ができる子も増えてきます。下級生から憧れられる上級生へと成長していくのです。しかし、自分が憧れる側から憧れられる側になっていることを自覚しないまま、自立できずにいる子もいます。そこで、憧れを超え、自立した姿をイメージできるような語りをすることで、上級生として下級生のお手本となる態度や行動について考えるきっかけとします。

ポイント2　目標と目的の違いを理解する

この時期になると、学習面や生活面において自分なりに目標を立てて過ごすことができるようになってきます。その分、目標を達成できる場面も、できない場面も多くなっていきます。目標を達成できない原因は様々ですが、その大半は、自分に合った目標設定ができていないことです。つまり、自分がダメなわけではないのです。しかし、目標が達成できたかどうかに一喜一憂しながら、次第に自信をなくしてしまう子もいます。目先の「できる・できない」ではなく、「何のために」という目的意識を育て、子どもたちの自信につなげます。

ポイント3　ネガティブな感情も上手く受け入れる

ネガティブな感情は誰しも少なからずもっているものです。すべてを払拭することは大人でもできません。また、人は元々ネガティブな感情に流されやすい傾向があります。だからこそ、ネガティブな感情も自分の心の中で上手く受け入れるマインドセットが必要です。そのために、「ネガティブな感情をもっているのは自分一人ではないのだ」や「ネガティブな感情があるからポジティブな感情が生まれてくるのだ」といった気付きが生まれるような語りをします。

ポイント4　助け合いの精神を理解し、助ける喜びを感じる

助け合いの精神を理解する際、「助ける」側になろうと呼びかけることが多いかと思います。一方で、３学期のこの時期に「助けられる」側の人も、実は「助ける」側の人を助けているという視点で語ることで、助け合いの精神を理解し直す機会にするのもいいでしょう。つまり、人から助けられている時だけでなく、人を助けている時にも喜びを感じられるのです。なぜなら、人はみんな助け合う生き物だからです。ここで１学期に語った助け合うペンギンたちの生き方（p.24 ～ 25『先生がペンギンを好きな理由』）の語りにつながっていきます。チームとしての成長のために必要だった助け合いの精神は、人が生きていく上で必要不可欠な精神だったと改めて理解し、進級後や進学後も助け合いの精神を大切にしてほしいです。

ポイント5　育て合いの精神を理解し、感謝の気持ちを伝える

人は誰しもその関係性の中でお互いに育て合っている生き物です。それは大人になってからではなく、子どもの頃からもう始まっていると考えます。学級の子どもたちに「先生を育ててくれてありがとう」という語りをすることで、これからも様々な関係性の中でお互いに育て合いの精神を大切にできるようになってほしいという願いを伝えています。同時に、これまでの語りの集大成として、聞き手である子どもたちに感謝の気持ちを伝えるようにしています。

ポイント6　これから先も「今を楽しむ」ことを忘れずに生きる

進級や進学後の子どもたちには、今関わっている人たちだけでなく、これから出会う人たちとも一緒に毎日を楽しむことができる人であってほしいと願っています。これまで「今を楽しむ」ことを大切にしながら学級経営をしてきたからこそ、これから先も「今を楽しむ」ことを忘れずに生きてほしいです。複雑な心境になりがちな高学年の学年末の時期に、子どもたちの背中をそっと押すような語りをします。それは語りというより、もはや願いや祈りです。

[ポイントと各語りの関係図]

3学期の学級経営のポイント	糸口となる語り
自立し、下級生のお手本となる	『憧れを超え、憧れられる人に』
目標と目的の違いを理解する	『目的を見失わないで』
ネガティブな感情も上手く受け入れる	『不安や悩みはなくさなくていい』
助け合いの精神を理解し、助ける喜びを感じる	『助けられているのは』
育て合いの精神を理解し、感謝の気持ちを伝える	『先生にしてくれてありがとう』
これから先も「今を楽しむ」ことを忘れずに生きる	『この先も今を楽しみなさい』

3学期始めには『憧れを超え、憧れられる人に』の語りをして上級生として下級生のお手本となるような態度や行動について考える場を設けます。自立過程において目標を立てて行動できるようになってきた時期に『目的を見失わないで』の語りをして目的意識の大切さを伝えます。目的が明確になってくると、努力の方向性も定まり、ポジティブな感情が高まってきます。その中でも少なからず残るネガティブな感情とも上手く向き合えるよう、『不安や悩みはなくさなくていい』の語りをします。子どもたちが自分の気持ちと上手く向き合えるようになったら視野を広げ、『助けられているのは』や『先生にしてくれてありがとう』の語りをして助け合いや育て合いの精神について考えます。最後は『この先も今を楽しみなさい』の語りをして進級や進学をしていく子どもたちを温かく送り出します。

高学年３学期の学級経営に位置付ける

自分を育ててくれる人に感謝を！

育て合いの精神を理解し、感謝の気持ちを伝える

先生にしてくれてありがとう

これから先も「今ここ」を楽しもう！

これから先も「今を楽しむ」ことを忘れずに生きる

この先も今を楽しみなさい

不安や悩みと上手く向き合おう！

ネガティブな感情も上手く受け入れる

不安や悩みはなくさなくていい

助ける喜びを感じよう！

助け合いの精神を理解し、助ける喜びを感じる

助けられているのは

憧れられる存在になろう！

自立し、下級生のお手本となる

憧れを超え、憧れられる人に

目的意識を忘れずにいこう！

目標と目的の違いを理解する

目的を見失わないで

憧れを超え、憧れられる人に

語りのポイント　上級生として下級生のお手本となるような態度や行動について考える場を設けます。今までお手本となる人を「見ている側」の立場だった子どもたちが、逆にお手本として「見られる側」の立場になったことを改めて伝え、憧れられる人を目指します。

提示　ひまわりの画像

何という名前の花ですか？　……はい、ひまわりですね。
では、ひまわりの花言葉を知っている人はいますか？　指名
正解は、「憧れ」です。

板書　憧れ（ふりがな付き）

ひまわりは太陽に向かって咲く花と言われ、太陽の動きに合わせて向きを変える性質があります。

提示　太陽の画像

みなさんもひまわりのように、太陽のような存在の憧れの人はいますか？

板書　憧れの人

人それぞれに憧れの人がいると思います。憧れの人がいないという人も、この人のことはみなさんの憧れの人として知っていて損はないと思います。

提示　大谷翔平選手の写真

大谷翔平選手は、バッターとしてもピッチャーとしても世界で大活躍しているメジャーリーガーです。そんな大谷選手は2023年、WBCという野

球の世界大会に日本代表選手として出場しました。
世界の強豪相手に決勝戦まで勝ち続けた日本チーム。相手は、世界最高峰であるメジャーリーグの国、アメリカ。野球選手なら誰しもが憧れるようなメジャーリーガーばかりのチームです。憧れの人たちを相手に勝つため、大谷選手はチームメイトにこんなことを言います。

提示 **憧れるのをやめましょう。**

どうしてこんなことを言ったのでしょう？ **指名**
大谷選手は、次のように続けて言いました。

提示 **憧れてしまったらね、超えられないんで。今日１日だけは、彼らへの憧れを捨てて、勝つことだけを考えていきましょう。**

演出 **提示した上の文を読み聞かせる**

憧れは人に夢や希望を与え、目指す目標にもなります。しかし、そのせいで、自分を憧れの人よりも下だと無意識のうちに思い込んでしまうこともあります。憧れるのをやめた日本チームは決勝戦でアメリカに勝利。14年ぶりのWBC優勝を果たしたのです。

板書 **憧れを超え、憧れられる人に**

ひまわりは花が咲き切ると、憧れていた太陽を追いかけるのをやめ、ずっと東を向き続けるそうです。
憧れを超え、憧れられる人に。太陽のような存在の憧れの人たちを超えていった日本選手たちは、心のひまわりを育て、見ていた人から逆に憧れられる太陽のような存在となりました。

あなたたちの心のひまわりは、まだまだ蕾（つぼみ）かもしれません。でもきっと、憧れを超え、憧れられる人になれるはずです。
「あんな人になりたい」「この人の真似をしたい」と努力していると、心のひまわりが成長し、今度はあなた自身が憧れの太陽のような存在の人になります。下級生のお手本にもなれるのです。
ぜひ、あなただけの心のひまわりを咲かせてください。

目的を見失わないで

語りのポイント　目先の目標の達成具合に一喜一憂して自信をなくすようなことがないように、目標と目的の違いを語り、改めて考える場とします。年度末が近づく残りわずかな学校生活においても、目的を常に意識するようにしたいです。語りをきっかけにあらゆる場面で前向きな目的意識を育て、自信につなげます。

板書 目標

今みなさんには、目標がありますか？　学習面でもいいですし、生活面でもいいです。何人か教えてください。 **指名**

なるほど。様々な目標が出てきましたね。目標は、それぞれ期間の長さによって短期・中期・長期の３種類に分けることができます。１時間や１日などの短期目標だけでなく、１週間や１か月などの中期目標、１学期や１年などの長期目標も立てられる人は、目的を達成しやすくなります。

板書 目的

目標と目的の違い、みなさんは説明できますか？　できる人は手を挙げて教えてください。 **指名**

説明ありがとうございます。

目的とは、目指すめあてや理想のことを言います。目標は、そんな目的を達成するために到達したい目印のことを指します。

目標を立てるというのは、目的というゴールに向かって、途中で「ここまでは行こう」と努力の目印を立てているようなものです。

山登りにたとえてみます。

提示

山頂が目的、道の途中にあるいくつもの目印が目標です。こうして見てみると、どんな道を通ったとしても、山頂にたどり着くことができれば、目的を達成したと言えます。これを読んでください。

提示・斉読 **①目標は達成できなくてもいい。**
②目標はどれだけ変えてもいい。

目標は達成できなくてもいいのです。あくまで目印ですから。そこを通れなかったとしても、別の道を通って山頂にたどり着ければ、目的は達成できるのです。だから、目標を達成できない自分を責めて、自信をなくさないでください。目的が達成できれば大丈夫。

また、目印は山の至る所に立てることができるし、どの目印を通って山頂に向かうかは自分で選ぶことができます。自分に合わない努力の目印は、思い切って別の目印に変えてもいいのです。あなたの目的に合った目標である努力の目印を立て直してみてください。

板書 **目的意識**

目標は達成できなくてもいいし、どれだけ変えてもいい。でも、目的だけは絶対に見失わないでください。そのために、「そもそも今やっている努力は何のためだったか」を考える癖をつけましょう。これを目的意識と言います。この先の出来事もすべて、目的意識を忘れずに過ごしてみてください。きっと自信も湧いてきますよ。

不安や悩みは
なくさなくていい

語りのポイント 心の発達に伴い、ネガティブな感情も上手く受け入れるマインドセットが必要になっていきます。抱えがちな不安や悩みに焦点を当て、自分一人ではないことやポジティブな感情への気付きが生まれるような語りをします。

［参考文献］古舘良純『小学６年担任のマインドセット』（明治図書出版、2022年）

板書 **自信**

みんなで読んでみましょう。さん、はい。 **斉読** **自信**

自分を信じると書いて自信と読みますね。あなたたちは自分のことを信じてあげられていますか？　いつも自信をもって学校生活を過ごしていけるといいですが、実際は「どうせ無理」「ダメな自分」なんて思ってしまう時もあるかもしれませんね。一人一人が自信をもつためには、仲間たちとこんな環境を整えることが大切です。

板書 **安心**

みんなで読んでみましょう。さん、はい。 **斉読** **安心**

「ここにいていいんだ」「応援してくれる仲間がいるから勇気を出して挑戦していいんだ」「失敗したとしても大丈夫」

みんながこんな気持ちを抱えられるように、お互いを認め合い、助け合えるような安心できる環境を整えていきたいですね。

みなさんは、卒業式当日、どんな気持ちを抱えて卒業したいですか？

「自信」や「安心」という言葉を意識しながら、少しだけ目をつむって想像してみてください。 **指名**

今想像したような気持ちを抱えて、卒業できるといいですね。

これから紹介する言葉は、当時6年生だったある子が、卒業前に抱えていた気持ちについて表現した言葉です。

提示 **6年○組は、99%の自信と1%の□をくれた場所**

この子は自信100%で卒業できたわけではないようです。残り1%の□の中には、どんな言葉が入ると思いますか？ **指名**

提示 **6年○組は、99%の自信と1%の不安をくれた場所**

1%の不安をくれた場所。どんな意味だか分かりますか？ **指名**

実際に卒業の日を迎えて自分は不安な気持ちを抱えそうだと思う人は手を挙げてください。 **挙手**

うん、それでいいのです。不安を抱えているのはみなさんだけではありません。誰しも少なからず不安を抱えているからこそ、相手の不安にも共感できる。そこから認め合いや助け合いが生まれ、お互いに安心できる環境を整えることができるのです。また、不安がなくならないからこそ、100%の自信を目指せるのだとこの言葉は教えてくれています。「不安をくれた場所」という表現から、不安な気持ちと前向きに向き合っていることが分かります。こうした心構えでいると、不安な気持ちから湧き出てきていた悩みも自然と消えていきます。

板書 **不安や悩みはなくさなくていい**

不安や悩みはなくさなくていいのです。そのかわり、みなさんが卒業の日を迎える時には、不安や悩みを抱えたまま中学校へ行くという覚悟をもって卒業してほしいです。不安や悩みはあってもいいのです。不安や悩みがあっても、それを抱えて進む力を身に付けていきましょう。自分自身がどんな気持ちとも前向きに向き合えるようになったら、お互いの不安な気持ちが小さくなるように、みんなで一緒に自信と安心の気持ちを大きく育てていきましょう。

助けられているのは

語りのポイント　3学期のこの時期に「助けられる」側の人も実は「助ける」側の人を助けているという視点で語ることで、助け合いの精神を理解し直す機会にします。子どもたちにとって身近なドラえもんの話を通して、目指す助け合いの姿について具体的に考えます。

［参考文献］『ドラえもん――22世紀で夏休み』テレビ朝日、2023年7月29日（テレビ番組）

提示　ドラえもん　と　のび太　の画像

この二人のうち、いつも助けている人は誰ですか？　**指名**
なるほど、ドラえもんと答える人が多いですね。

では、いつも助けられている人は誰ですか？　**指名**
なるほど、のび太と答える人が多いですね。
いつもドラえもんがのび太を助けているということですね。

ある日、ドラえもんはもともといた未来へタイムマシンに乗っていき、のび太の孫の孫にあたるセワシくんと夏休みを過ごすことになります。
セワシくんはのび太と違い、何でも一人でやれるしっかり者です。一方、ドラえもんは22世紀のロボットの中では不器用で、この時もセワシくんのためとやったことが全部裏目に出て逆に迷惑をかけてしまいます。
セワシくんのお世話が空回りして落ち込んだドラえもんに、セワシくんは「ドラえもんは本当におじいちゃんのお世話が身に染みついているみたいだね」と言います。その時のドラえもんの顔はなんだかうれしそうです。その後、のび太のところへ帰るのですが、ドラえもんはどんな顔をしていると思いますか？

こんな顔をしていました。

提示 **ドラえもんがのび太のほうを見てうれしそうにしている画像**

ドラえもんは、のび太のお世話ができる自分に喜びを感じていました。ドラえもんはのび太を助けているようで、そんな自分をいつも頼ってくれるのび太に助けられているのかもしれませんね。

板書 **実は助けられている**

みなさんも誰かを助けている時に、このことを思い出してみてください。助けている自分のほうが、実は相手に助けられていることに気付くかもしれません。そういう経験がある人がすでにいるかもしれませんね。つまり、どんな人でも、お互いに助け合って生きているのです。助けられていることに感謝できる人になってください。

提示 **助け合っている様子が伝わるイラスト**

助け合いの精神を、これからも大切にしていきましょう！

先生にしてくれて ありがとう

語りのポイント 担任から子どもたちへ素直な感謝の気持ちを伝える語りです。「育てている人も実は育てられている」という新たな視点を提示することで、これからも様々な関係性の中でお互いに育て合いの精神を大切にできるようになってほしいという願いを伝えています。また、これまでの語りの集大成となるような話の構成になっています。

提示 **親は子どもを育てている**

読んでみましょう。さん、はい。 **斉読**
そうですよね。では、これはどうでしょう。

提示 **子どもは親を育てている**

読んでみましょう。さん、はい。 **斉読**
なんだか変だなと思う人？ **挙手**
いや、そうとも言えると思う人？ **挙手**
実は母親や父親というのは、子どもが産まれて自然となるわけではありません。子どもを育てていく中で、少しずつ母親や父親になっていくのです。それはある意味、子どもは親を育てていると言えます。子どもがいるおかげで、親は親になっていくのです。

提示 **先生は子どもを育てている**

読んでみましょう。さん、はい。 **斉読**
これも同じことが言えませんか？　どう変わるでしょう。 **指名**
そう、これも逆に、今まであなたたちは先生を育ててくれたともいえるのです。

提示 **子どもは先生を育てている**

読んでみましょう。さん、はい。 **斉読**

こういう時期になると、「先生、私を育ててくれてありがとうございました」や「先生のおかげで僕はこんなに育ちました」といった感謝の言葉をくれる子たちが多くいます。でもね、先生だけではなく、あなたたちも先生を育ててきたのです。

あなたたちのおかげで、先生は先生でいられることができました。こうして先生の話をいつも真剣に聴いてくれているその姿が、何よりの証拠です。今まで私を先生にしてくれて、本当にありがとう。

板書 **育て合い**

提示

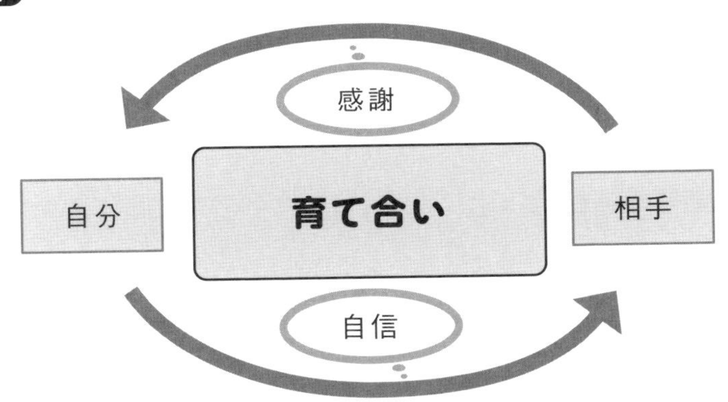

親子、先生と子ども、兄弟姉妹など、どんな関係だろうと人は必ず育て合っています。自分一人で育つ人なんて誰もいません。

だからこそ、自分を育ててくれる人に感謝の気持ちを伝えることを忘れてはいけません。

そして、自分も誰かを育てているのだという感覚をもっていれば、「自分はここにいていいんだ」という自信につながります。

提示 **育ててくれる人に感謝を　育てている自分に自信を**

あなたたち一人一人はいろんな人から支えられているし、いろんな人を支えているのです。そこに感謝と自信をもって、この先出会う人たちともお互いに育て合ってください。

この先も今を楽しみなさい

語りのポイント この先とは、進級後や進学後の未来を指します。これまで「今を楽しむ」ことを大切にしながら学級経営をしてきたからこそ、これから先も「今を楽しむ」ことを忘れずに生きてほしいです。複雑な心境を抱えがちな高学年の学年末の時期に、最後の語りとして願いや祈りを込めて、子どもたちの背中をそっと押したいです。

とうとう明日は大好きなみんなとお別れする日です。
みんなはこれから、新しい学校生活を歩んでいくことになります。
ここで、今までの学校生活を振り返ってみましょう。

板書 **楽しかった思い出**

今まで楽しかった思い出は何ですか？　思いつく限りたくさん想像してみてください。目をつむって、はじめ。

やめ。どんな思い出が頭に浮かんできましたか？ **指名**

演出 **子どもたちが浮かんできた思い出１つ１つに温かく反応する**

たくさんの思い出が浮かんできましたね。今みなさんには、過去を想像してもらいました。

板書 **過去＝過ぎ去ったもの**

過去は過ぎ去ったもの。過ぎ去ったものは二度と元には戻りません。そして、だんだんと忘れていきます。でも、そんな過ぎ去っていくものの中でも、こうして思い出すことができる楽しかった思い出たちがありますよね。それはなぜだと思いますか？

提示 **「□」を大切にしてきたから、楽しかった思い出になる。**

それは今まで、あることを大切にしてきたからなのです。
私たちが今までずっと大切にしてきたことが、この□の中に入ります。どんな言葉が入ると思いますか？ **指名**
○年○組が大切にしてきたもの。それは……

板書 **今を楽しむ**

「今を楽しむ」ことです。過去の中でも思い出すことができる楽しかった思い出たちは、今を楽しむことができた証なのです。
今を楽しむことを積み重ねてきたからこそ、今のあなたたちがいるはずです。だから先生は最後に、こんな言葉を大好きなみんなへとプレゼントしたいです。

板書 **この先も今を楽しみなさい**

この先も今を楽しみなさい。今まで積み重ねてきた「今を楽しむ」ことをこれからも積み重ねていくのです。すると、楽しい思い出をたくさん今の自分にプレゼントすることができます。

板書 **プレゼント（present）＝現在**

プレゼントを英語で書くと、presentとなります。これは、今、現在を英語に訳した時とまったく同じスペルです。今はプレゼントの時間なのです。だから今この瞬間というのは、自分にも、周りの仲間たちにも、どれだけ楽しい思い出をプレゼントしているかがそのまま表れているのです。今を楽しむから楽しい今になるのです。

この先は楽しいことばかりではないでしょう。苦しいことや悲しいこともあるはずです。それでも、前を向いて「今を楽しむ」ことを積み重ねていってください。きっとこの先も楽しめる出来事や出会いがあなたたちを待っているはずです。今というプレゼントの時間を、これからも楽しみ続けてください。ここにいる誰もが、この先もステキなプレゼントを受け取れる人です。楽しもう！

語りを糸口にした学級エピソード③

学年末や卒業時は、担任として子どもたちに語ることができる最後のタイミングとなる可能性があります。だからこそ、「最後にこれだけは伝えたい」という語りをしたいです。

私がこれまでの教師経験から考える最後に伝えたいメッセージは「たった一人で生きている人は誰もいない」です。人はみんな助け合いながらそれぞれの人生を歩んでいます。これまでの学校生活において経験してきた助け合いは、大人になってからも生きる糧となります。『助けられているのは』の語りを行うことで、人から助けられている時だけでなく、人を助けている時にも喜びを感じられる大人へと成長していってほしいという願いを伝えています。学級の子どもたちの中には、特別な支援が必要な子も多くいます。そんな子どもたちも含め、すべての子の将来において「助ける」側にも「助けられる」側にもなってほしいと願っています。

この話は、ドラえもんの話が素材となっています。3歳の息子と一緒にテレビでドラえもんのアニメを観ていたら、『助けられているのは』の語りの着想を得ました。私も父親として息子を助けているようで、実は助けられていることが多くあると気付かされました。こうした視点から物事を見つめ直すと、人と人との関係性はすべて相手がいてこそ成り立つものだと思うのです。私は息子が産まれて自然と父親になったのではなく、息子が私を父親として育ててくれたのです。それと同じように、私が担任する子どもたち一人一人が私を担任の先生として今まで育ててくれたのです。

だからこそ、最後の語りでは目の前の子どもたちに感謝の気持ちを伝える話をしたいです。そこで創った話が『先生にしてくれてありがとう』という語りです。学級の子どもたちに、私を担任の先生として育ててくれてありがとうと伝える内容になっています。この語りをすると、子どもたちは最初きょとんとした顔をしますが、意味が分かってくると素直で温かい反応を返してくれます。

子どもが大人を育てるという見方に違和感を覚える方もいるかもしれません。しかし、人はどんな関係性でもお互いに助け合い、育て合っていると言えるのではないでしょうか。上司が部下を育てるだけでなく、部下が上司を育てることもある。それと同じことが、子どもたちの世界でも起きているはずです。上級生と下級生の関係、兄弟や姉妹の関係、親子関係においてもやはりお互いに助け合い、育て合っているのです。だからたった一人で生きている人は誰もいないのです。『先生にしてくれてありがとう』の語りを聴いた子どもたちが、自分を助けてくれる人や育ててくれる人に「ありがとう」と感謝の気持ちを伝えられる大人へと成長していってほしいと願っています。

この語りをした後、「先生、こちらこそありがとうございました」とわざわざ言いに来る子もいます。そんな子に私は「うれしい！　ありがとうを言われてうれしくない人はいないよ。これからは先生以外の人たちにも、あなたのありがとうをたくさん届けてあげてね」と伝えるようにしています。ここでまたありがとうの輪を広げていくのです。

一方、別れに感謝は必要ですが、演出による感動は要りません。なぜなら、これから子どもたちが出会う人たちにも感謝を伝え続けてほしいからです。元担任の先生でないと生きていけない子にしてはいけません。そうならないために、『この先も今を楽しみなさい』という語りをします。これからどんな人に出会おうと、どんな困難が待っていようと、今まで大切にしてきたように「今を楽しむ」ことを忘れずに積み重ねていけば、その一瞬一瞬はきっと輝いていくはずです。高学年の学年末の時期は、子どもたちにとって大きな不安と期待が入り混じる人生の節目。複雑な心境の中でもぶれない軸として「今を楽しむ」ことを大切にし続けてほしいと強く願っています。

以前、担任していた子と時々学校内ですれ違うことがあります。ある日、すれ違った男の子が「先生やあの頃のクラスの友達とは離れ離れになってしまったけど、僕は今も楽しんでいるよ」と伝えてくれたことがありました。進級後や進学後もこうした声が聴けるのはなんともうれしい瞬間です。私自身も、この先も今を楽しみたいです。

「見せる力」

ここでは、「見せる力」の中から
6つのスキルについて整理します。

スキル① 画像や映像でイメージ化する

画像を見せることで、「画像優位性効果」*Eにつなげます。文章だけの時よりも記憶効率が良く、補足説明にもなります。画像の中でも写真を見せる場合、身近な写真であればあるほど子どもたちは自分事として考えやすくなります。写真の映り方も重要です。一方、画像の中でも絵を見せる場合は「ベビーフェイス効果」*Fをねらい、「ベビースキーマ」*Gのある絵を見せるようにしています。

画像よりもさらにイメージ化に役立つのが映像です。一方で、映像は画像よりも情報量が多すぎるデメリットもあります。画像と映像、どちらを見せたほうがイメージ化しやすいかを見定めて語ります。

スキル② 板書や提示にひと工夫する

板書や提示は、複数回見せて接触回数を増やすことで「単純接触効果」*Hを起こし、好意的な印象付けにつなげます。また、板書や提示する言葉の中で大事な部分は色分けや文字の大きさ調節などで強調し、「フォン・レストルフ効果」*Iにつなげています。

見せるまでに時間のかかる板書は、短い言葉やキーワード、合言葉などに対して行います。黙って板書して見せることで、黒板に書かれる言葉へとさらに注目が集まります。また、言葉を継ぎ足す書き方をすると、話につながりをもたせ、強い印象を与えられます。

一方、見せるのに時間のかからない提示は、長い文章やセリフ、ストーリーなどに対して行います。時間をかけずに一気に見せることで、語りを途切らさずに集中させ続けることができます。あえて「知りたいですか？」ともったいぶって提示することもあります。

スキル③ 焦点化・図解して見せる

「カクテルパーティー効果」*Jのような性質をもつ脳にとって、焦点化された情報というのは心地よく感じるようになっています。例えば板書する言葉が複数ある場合、キーワードとなる言葉を１つだけ大きく板書して焦点化します。見せる言葉の数は必要最小限にし、話す言葉と見せる言葉の量のバランスはいつも考えています。

情報を焦点化して見せる方法として有効なのが、図解です。図解では４つの効果が得られます。１つ目は、理解度の高まりです。語りで伝えたい内容を理解しやすくなります。２つ目は、時短です。言葉で伝えるよりも提示時間が短くなります。３つ目は、頭の整理です。情報同士のつながりが明確になり、思考過程が整理されます。４つ目は、ユニバーサル化です。どんな教育レベルの子どもにとっても比較的分かりやすく情報を届けることができます。図解する際には、情報量が多くなりすぎないように気を付けています。

スキル④ 小道具やジェスチャーで演出して見せる

小道具を使って語ることで、具体物によるイメージ化と興味の惹きつけを起こします。画像や映像と違い、具体物は三次元の事物だからこそ、イメージ化と興味の惹きつけが起こりやすくなります。

語りは口だけでなく、ジェスチャーによる演出も取り入れて表現することで、視覚的効果を高めます。例えば、あくびをしてみせたり、おどってみたりする演出を取り入れています。

このように小道具やジェスチャーで演出することで、語りで伝えたいメッセージを確かに伝えるためのモデルを示していきます。

スキル⑤ 具体例を示し、思考の前提条件を揃える

身近な物の写真を具体例として見せることで、子どもたちが自分事とし

て考えやすくなります。これは子どもたちそれぞれの思考の前提条件を揃えています。その上で、普段見慣れているはずの光景に新しい視点が加わるという意味もあり、驚きと共に新しい発見も得られます。

具体例を示す際には、話し手である教師の「自己開示」*Kが効果的です。「自己開示の法則」*Lを生かして、聞き手である子どもたちが自分事として考えやすくなるようにしています。

スキル⑥ 隠して見せる

「ツァイガルニク効果」*Mを念頭に置くと、人は終わったことよりも、終わっていない、未完了のものに注意を向ける特徴があると言えます。そこで、特に見てほしい言葉や画像はあえて隠して見せます。ここでは、どこを隠すかが腕の見せ所になります。隠す範囲が広すぎると、何が隠れているのか想像しづらくなります。一方、隠す範囲が狭すぎると効果が薄くなります。隠す範囲を調節する方法の１つとして、隠している文字数分〇(マル)を書いて見せる方法があります。

隠していたものの見せ方は２つあります。情報同士が関連する瞬間の驚きを演出する場合は、一気に見せます。一方、見せたい情報が複数ある場合やより一層思考を深めたい場合は、段階を踏んで見せます。

＊E　画像優位性効果：言葉より図や写真のほうが認識されやすいという脳の傾向
＊F　ベビーフェイス効果：赤ちゃんのような特徴をもつ顔を見た場合、緊張が緩んで警戒心がなくなってしまうような心理状態
＊G　ベビースキーマ：丸顔、大きな目、丸い鼻、丸みのある体型等の幼児的特徴
＊H　単純接触効果：ザイオンス効果とも言う。好意のあるなしにかかわらず、接触する機会を多く設けると、好意的な印象が生まれる心理効果
＊I　フォン・レストルフ効果：人は似たようなものや同じパターンで情報が並んでいる場合、１つだけ特徴的なものがあると強く印象に残るという心理効果
＊J　カクテルパーティー効果：たくさんの人がそれぞれに雑談している中でも自分に必要な事柄だけを選択する脳の働き
＊K　自己開示：自分のことや内面的な事柄をありのままに伝えること
＊L　自己開示の法則：自己開示された相手はその話を真剣に受け止め、関係性や距離が縮まる。また、自己開示には返報性がある
＊M　ツァイガルニク効果：情報の一部を隠して意欲を高める心理効果

CHAPTER

4

高学年担任として何を話したらいい？

悩む場面での語り

悩む場面での解決のポイント

ポイント1 モチベーションを保つ

高学年の子どもたちへの動機付け（モチベーション）には、外発的よりも内発的に訴えかける機会が多くなる特徴があります。モチベーションが生まれると大きく成長する一方で、それを保つのはなかなか難しいことです。なぜなら、これまでの経験で感じ取ってきた他人と自分との差や自分の限界が阻害要因となっているからです。モチベーションを保っていくには、モチベーションの保ち方を子どもたちと一緒にコーチング的アプローチで探るようにします。

ポイント2 男女関係なく、公平な態度を養う

高学年は思春期を迎え、心も体も大きく成長する時期に入ります。異性に対する興味も高まり、男女で一緒に活動することを恥ずかしがったり、男女間でトラブルが起きたりするようになります。こうした時期に、男女の協力について考え直し、異性だろうと分け隔てなく学級の仲間として関わることができるようにしたいです。異性との違いを乗り越え、公平な態度を養うことで、学級内の人間関係はより一層良好なものへと変化していくことでしょう。

ポイント3 見えづらい陰湿なトラブルを予防する

高学年のトラブルは、「担任から見えないところで起きる」という特徴が多く見られる傾向にあります。悪口が書かれた手紙をこっそり回すなどの陰湿ないじめや、スマートフォンやオンラインゲーム上などで起こるネットトラブルも増えます。そこで、担任だけでなく、「誰もがどこでもあなたを見ている」という感覚を共有することが予防策となります。見えづらい悪い芽は、みんなで見合って摘み取ります。

ポイント4　難しいテーマの学習も、自分で考え続ける

高学年の学習では、社会科や道徳科など、様々な教科において「戦争」や「平和」「国際理解」などをテーマにした授業が行われるようになります。こうした広い視野と深い理解が要求される難しいテーマこそ、決め付けで判断してしまうと危険な解釈につながりかねません。国による時代解釈の違いや平和に対する価値観の違いなども含め、他人の意見を鵜呑みにしたり、思考停止状態になったりするのではなく、自分自身で考え続ける姿勢を大切にしてほしいです。世界平和は、世界の人々がみんなそれぞれ平和について考え続けることで実現します。正解ではなく平和の在り方を一緒に考えたいです。

ポイント5　信頼できる人を見つけ、複雑な環境を生きる

自我の芽生えが起こる高学年の発達段階の過程において、自分自身の置かれている家庭環境や境遇についてネガティブな感情を抱き始める子も現れます。担任に自分の家族のことについて相談するケースも増えてきます。昨今は、複雑な家庭環境で育っている子も多くいます。担任としてできることは限られているかもしれません。それでも、「あなたの味方になってくれる信頼できる人はたくさんいる」と広い世界に視点を向けさせることはできます。自分が置かれた閉塞的な環境だけを見つめるのではなく、苦しくなったらそこから抜け出して様々な人を頼ればいいのだという安心感を与えたいです。その子の人生を、その子自身の足で歩めるように。

ポイント6　人間関係の変化やグループ化を上手く乗り越える

高学年になると、特に女子において人間関係の変化やグループ化が起きる傾向があります。大前提として、こうした変化は居場所づくりという目的によって起きる自然な現象だと受け止めます。こうした現象は、自信のなさや不安から起きます。だからこそ、それぞれのグループを囲う学級集団において、合う合わないを超えてお互いに安心して過ごせる人間関係を目指す重要性を伝えたいです。

[ポイントと各語りの関係図]

	悩む場面	解決のポイント
1	努力の大切さは伝えているけれど、実際にモチベーションを保つことが難しい！	モチベーションを一時的に引き上げるのではなく、モチベーションの保ち方について子どもたちと一緒に考え続ける。
2	何か活動をしようとすると、男女間に壁をつくってしまい、異性とのトラブルも多い！	誰とでも男女関係なく接することができる人のモデルを提示し、公平な態度を養うきっかけとする。
3	担任の見ていないところで起きるような見えづらい陰湿なトラブルが多い！	誰もが見られているという意識をもち、みんなでお互いに見合って悪い芽を早く摘み取る。
4	難しいテーマの学習場面において、抽象度の高さから自分で考えるのをあきらめてしまう！	自分も世界を構成する一員だと自覚し、難しいテーマでも自分で考え続ける大切さについて理解する。
5	複雑な家庭環境で育つ子の悩みにどう寄り添ってあげたらいいのかが分からない！	広い視野に立って自分が信頼できる人を見つけ、自分の人生は自分で生きる姿勢を育てる。
6	人間関係の変化やグループ化に対して冷静に対応し、不安な気持ちを抱える子の助けになりたい！	変化やグループ化は当たり前なことと受け止めながら、誰もが安心して過ごせる居場所づくりを変わらずに行う姿勢を育てる。

解決の糸口となる語り

『努力のペースは人それぞれ』

自分の努力のマイペースを保とう！

『しずかちゃんは気にしていない』

誰とでも公平な態度で接しよう！

『悪い芽はみんなで見合って摘み取る』

いつも見られていると自覚しよう！

『大事なのは自分で考え続けること』

難しいテーマこそ自分で考え続けよう！

『信頼できる人は、自分で見つけて生きる』

自分が信頼できる人を見つけよう！

『変わって当たり前だけれど、変わらないこと』

安心できる居場所を共につくろう！

努力のペースは人それぞれ

語りのポイント モチベーションの保ち方を子どもたちと一緒にコーチング的アプローチで探るために、「努力のペース」という視点について語りを通して提示します。努力には人それぞれペースがあるということを理解することで、モチベーションを保つためにどんなペースで努力したら自分にちょうど良いかを探ることができるようになります。

板書 **努力**

今みなさんは、努力していることがありますか？ **指名**
では、その努力はどこまで続けられる自信がありますか？
続けられる自信がある人？ **挙手** ない人？ **挙手**

板書 **モチベーション**

モチベーションを保つことができると、努力を続けることができるようになります。モチベーションとは、簡単に言うとやる気のことです。
では、やる気を出すスイッチはどこにあると思いますか？
自分のやる気スイッチがどこにあるのか、分かる人？ **挙手**

でも、やる気とは本当にスイッチのようなものなのでしょうか？
実はスイッチではなく、エンジンなのかもしれません。

提示 **やる気はエンジン**

そう考えると、やる気というエンジンを積んだあなたという車は、走り続けている限り努力が続いているということです。

提示 車のイラスト

では、その車はどんなペースで走っていますか。速いですか、それとも遅いですか？　ずっと同じペースですか、それとも変わりますか？　少し想像してみてください。目をつむって、はじめ。

演出 30秒間黙想

やめ。走り続けてさえいれば、どんなペースで走っていても大丈夫です。このように、やる気はエンジンだと考えると、努力は質や量だけでなく、ペースも大切なのです。

板書 努力のペース

これを「努力のペース」と言います。そしてこのペースに正解はありません。なぜなら、人それぞれに正解のペースがあるからです。

提示 努力のペースは人それぞれ

あなたにはあなたの努力のペースがあります。ここで気を付けないといけないことは、自分に合った努力のペースを守らないと、やる気というエンジンは空回りしてしまい、走り続けることができなくなってしまうということです。

提示 努力のマイペースを守って走り続ける

モチベーションを保てない。努力が続かない。努力を続ける自信がない。そんな気持ちの時こそ、努力のペースを見直して、やる気というエンジンを回し直してみませんか。速すぎていたら遅くし、遅すぎていたら速くするのです。一番大切なのは、速いことでも遅いことでもなく、止まらずに走り続けていることです。

しずかちゃんは気にしていない

語りのポイント　ドラえもんのしずかちゃんは、男女関係なくどんな人とも公平に接する態度を見せている子どもたちにとっては身近なモデルです。男女の違いを超え、学級の仲間として協力し合う。そんな公平な態度について考え直すきっかけをつくることで、より一層良好な関係を学級内に築けるようにします。

板書　男女関係なく

みなさんは、男女関係なく仲良くできていますか？
男子同士、女子同士では仲良くできても、男女で活動するとなると嫌がったり恥ずかしがったりして勝手に壁をつくってしまう人はいませんか？　そんな人は、「男だから」や「女だから」という性別の違いを気にしすぎているのかもしれません。

みなさんも知っているあるキャラクターは、そんなことをまったく気にせずに男女関係なく誰とでも公平に接することができます。誰のことだと思いますか？　ヒントは、ドラえもんに出てくるあのキャラクターです。分かった人？　**指名**

提示　しずかちゃんの画像

そのとおり。しずかちゃんです。
ドラえもんに出てくる主なキャラクターと言えば、ドラえもん、のび太、スネ夫、ジャイアン、そしてしずかちゃんです。気付きましたか？　この中で女子は、しずかちゃんただ一人だけなのです。
これだけ男子たちに囲まれていても、しずかちゃんは気にしていません。みんな友達として接しています。のび太を助ける場面はたくさんありますよね。スネ夫に対しても、いろんなお話を聞かせてくれる人と認めていますし、あのジャイアンとも仲良しです。のび太がスネ夫やジャイアンとけんかをする時には、一人でその間に入って解決しようともする優しい心の持ち主です。
　では、しずかちゃんはこの男子たちとだけ仲が良いのでしょうか？　実はもっとたくさんの友達がいます。

提示 **しずかちゃんが女友達と話している様子の画像**

　女友達はたくさんいて、いつも楽しそうに会話しています。しずかちゃんはクラスのみんなから信頼されている憧れの存在なのです。なぜなら、しずかちゃんは誰に対しても、こうした態度を貫いているからなのです。

板書 **公平な態度**

　どんな人とも分け隔てなく接する。これを公平な態度と言います。
　例えば、しずかちゃんは相手の名前を呼ぶ時に、必ず「〇〇さん」と呼びますよね。のび太には「のび太さん」、スネ夫には「スネ夫さん」です。ジャイアンはあだ名ですが、しずかちゃんは「たけしさん」ときちんと名前で呼んでいます。

板書 **しずかちゃん（「ちゃん」に下線）**

　みなさんは気付きましたか？　のび太やスネ夫には「くん」や「さん」が付かないのに、しずかちゃんだけ「しずか」ではなく「しずかちゃん」と「ちゃん」が付くことに。それは私たちが無意識のうちに、しずかちゃんの公平な態度に尊敬の気持ちをもっている証拠です。

　どんな人も大事にできる人は、どんな人からも大事にされる人になります。男女の壁をつくらず、誰であっても同じクラスの仲間として公平な態度で接するようにしましょう。

悪い芽はみんなで見合って摘み取る

語りのポイント　子どもたちを見つめる人は担任だけではありません。その子の周りにいるすべての人たちが「見ている人」なのです。自分はいつでも誰かから見られている。語りを通してこうした感覚を共有しながら、お互いに「見ている側」として、見えづらい悪い芽をみんなで摘み取っていこうという姿勢を育てるきっかけをつくります。

提示　良い芽と悪い芽のイラスト

学校生活では、いろんな子が毎日いろんな行動の種まきをしています。どんな行動の種まきをするかで、どんな芽が出るかが変わっていきます。「ありがとう」と言ったり、困っている子を助けたりしている子の心には、左のような良い芽が出てきます。良い芽が成長するためには、その先もコツコツと時間をかけて続けていかなければなりませんが、続けた先には大きな花を咲かせることができます。心が成長して優しく、強くなるということです。逆に、誰かの悪口を言ったり、相手にひどいことをしたりしている子の心には、右のような悪い芽が出てきます。

気を付けないといけないのは、悪い芽は太陽のない日陰でも、土がないどんな場所でも出てきてしまい、放っておくとあっという間にさらに悪く育ってしまう特徴があるのです。

提示

悪い芽の３つの特徴
①見えないところで育つ
②どんな場所でも育つ
③放っておくとあっという間に育ってしまう

悪い芽が育ち、悪い花が咲いてしまうと、心の成長は止まり、自分勝手な考え方に心が支配されてしまいます。コントロールのきかなくなったその人の心は暴走し、相手を傷つける行動ばかりするようになります。後で取り返しのつかないところまで暴走してしまわないように、みんなでこの悪い芽を摘み取ることが大切です。

でも、摘み取るのは簡単なことではありません。なぜなら、見えないところで育つし、どんな場所でも育つからです。先生の見ていないところでこのクラスの誰かが嫌な思いをしていることだってありえます。教室だけでなく、他の場所で嫌な思いをすることもあるかもしれません。では、どうしたらみんなで悪い芽を摘み取ることができるのか。そこで、こんなことを意識してみましょう。

板書 **誰もがいつでもどこでも見られているし、見ている。**

まずは、このクラスにいる誰もが、いつでもどこでも「見られている」という意識を強くもちましょう。そこに先生がいなくても、先生ではない誰かからあなたは見られているのです。悪い芽は誰も見ていない日陰よりも、誰かに見られているような日なたのほうが育ちにくくなります。だからこそ、あなた自身も誰かを「見ている」という意識が必要です。

この「見られている」「見ている」の両方をお互いに意識できるようになると、みんなで悪い芽を摘み取ることができるようになります。高学年はいじめやネットトラブルなどの悪い芽が育ちやすい学年と言われています。みんなでお互いに見合って、悪い芽を摘み取っていきましょう。見つけたらすぐ先生に教えてください。早ければ早いほど良いですから。

大事なのは自分で考え続けること

語りのポイント　世界平和や国際理解は、この世界を構成している私たち一人一人がそれぞれ考え続けることでやがて実現していくものです。子どもたちにとって難しいテーマの学習をする時こそ、他人任せや思考停止するのではなく自分自身で考え続ける意義について理解し、将来に渡って自分の在り方を模索できる人になってほしいと願いを込めて語ります。

板書　答えのない世界

高学年になると、戦争や平和、国際理解など、みなさんにとっては難しそうなテーマの授業も多くなってきます。今までは分かりやすい答えがあるような学習だったのに、考えるのがめんどうくさいなと思うことがあるかもしれません。でも、もともと私たちが生きているこの世界は、答えのない世界なのです。だから簡単に答えが出ないテーマについて考えることは、私たちが生きているこの世界のことが今までよりも分かるようになるということなのです。分かりにくそうで、きちんと考えたら分かりやすくなるのはこうした難しいテーマのほうなのです。

提示

例えばここに、Aという国とBという国があります。AとBは戦争をしています。もしあなたがAという国の国民だとしたら、この戦争を止められますか？　止めることができるという人は手を挙げてください。
挙手　それはどんな方法ですか？　指名

今みなさんが教えてくれた方法では、実際には止められないかもしれません。でも忘れてはいけないのは、こうやって国民一人一人が考えることで、今まで起きてきた戦争は止まってきたのです。

板書　大事なのは自分で考え続けること

国と国で起きている戦争を止めるのは、国ではなく人です。それも自分で考え続けている人です。

提示　すべて人が考えて世界を動かしている

私たちには投票という仕組みがあります。誰を国のリーダーとして認めるかどうかは、私たち人の判断にかかっています。また、戦争をやめるためにデモをしたり、戦争で被害にあった人たちを支援したりするのも国ではなく人なのです。ニュースを見ると、どの国のリーダーも、戦争をやめるために他の国との話し合いを忘れずに続けています。話し合いをするのは国ではなく人ですよね。

提示　地球儀

私たちが生きているこの世界は、勝手に動いているのではなく、私たち人がそれぞれ考えて動かしているのです。

演出　地球儀を回してみせる

私たちもこの世界を動かす一人として、これからも自分で考え続けることを大事にしていきませんか。他人の考えたことにただ沿って生きるのでも、考えることをやめて文句だけ言いながら生きるのでもなく、この世界で自分はどうあるべきかを探り続ける人生を生きませんか。
もしかしたらあなたの考えや行動が、将来この世界を大きく動かすことになるかもしれません。

信頼できる人は、自分で見つけて生きる

語りのポイント どんな環境においても与えられている自由があります。それは、自分にとって信頼できる人を、自分で選ぶことができる自由です。子どもたちには、置かれた環境を嘆くだけの大人にはなってほしくありません。語りを通して、広い視野から自分で信頼できる人を見つけ、自分の人生を自分で歩んでほしいという願いを伝えます。

板書 **環境**

みなさんにとっての環境と言えば、今学校で過ごしている環境もあれば、おうちで過ごしている環境もあると思います。

では、その環境に文句を言ったことはありますか？ 口には出さなくても、心の中で思ったことのある人はいるかもしれませんね。

あるテレビ番組で、日本に住む外国人の生き方を特集していました。その中で、夢を叶えるために貧乏な生活を我慢しながら暮らしている外国人がいました。

その外国人は番組のインタビューで「なぜそこまでして我慢しながら生活しているの？」と聞かれ、こう答えます。

板書 **環境ではなく、人生を楽しみたい**

環境に文句を言うのは簡単ですが、それをしたことで環境が変わるわけではありません。大事なのは環境ではなく、自分の人生を楽しむことなのです。実際に環境が幸せに影響するのは、100%のうちたった10%なんて研究結果もあります。

では、本当に自分の人生を楽しみ、幸せを感じて生きるためには、どんなことを意識して生きたらいいのでしょうか？

板書 **どう生きるかは、誰と生きるかで決まる。**

人は誰もたった一人では生きていません。あなたの人生をどう生きるかは、誰と生きるかで決まってきます。この「誰と生きるか」は、あなたが今いる環境だけでなく、さらに外側の世界まで広げて考える価値のあることです。自分が思っていた環境の外側にも、きっと信頼できる人がいるはずです。

板書 **信頼できる人**

自分にとって信頼できる人を、自分で見つけていきましょう。

それは必ずしも先生でなくてもいいし、家族でなくてもいいのです。この人にだったら安心して自分の話ができるという人を見つけてください。信頼できる人が見つかると、自分はどう生きるべきかが見えてきます。自分の人生を自分で歩めるようになるのです。

板書 **信頼できる人と一緒に、自分の人生を自分で歩む。**

あなたが今、信頼できる人は誰ですか。少し時間を取るので、今いる環境から、少し広げていろんな人を思い浮かべてみてください。誰を信頼するかは、あなた自身で決めるのですよ。

目をつむって、はじめ。

演出 **1分間黙想**

やめ。今信頼できる人が見つかっている人は、どんな環境であれ、すでに幸せなことなのかもしれませんね。見つかっていない人も不安になる必要はありません。あなたの人生はこれからまだまだ続きます。その中で見つけていけばいいのですから。多くなくて大丈夫です。たった一人でいいので、本気で信頼できる人を見つけてみてください。すると環境に文句を言うのではなく、あなたの人生をあなた自身で思い切り楽しむことがきっとできるようになりますよ。

変わって当たり前だけれど、変わらないこと

語りのポイント 学級内の人間関係の変化やグループ化を居場所づくりという目的によって起きる自然な現象として受け止めます。一方で、健全な変化とするために「安心」をキーワードにして語り、これからも変わらず学級内で大事にしたいことについて考え直す機会とします。学級でお互いに安心して過ごせる人間関係の再形成を目指します。

板書 **グループ**

グループと聞いて、みなさんが思い浮かべることは何ですか？

例えば、今座っている席によって、１班、２班、３班というように班ごとのグループがありますよね。他にも給食当番のグループや係活動のグループを思い浮かべた人もいるかもしれません。

でも、今日思い浮かべてほしいグループとは、こうした決まったグループではなく、自分たちで決めていく友達関係のグループのことです。みなさんの様子を見ていると、休み時間中にいつも一緒にいる人というのが決まってきていませんか？ 「あなたたちはこのグループね」と決められたわけではないのに、なんとなく自然と自分たちでグループを決めてしまっていませんか？

板書 **グループ化**

こういうことをグループ化と言います。確かにグループ化していると思う人は手を挙げてください。 **挙手**

実際にこの学級もしていますよね。でも、グループ化は悪いことではなく、人として自然な現象です。なぜならみんな自分の居場所があると安心するからです。安心できる居場所を求めて、グループ化は自然と起きてくるものなのです。そして、ただ自然と起きるだけでなく、変化も出てくるようになります。

例えば、こんな経験をしたことがある人がいるかもしれません。

提示 **今までの友達とは違う友達と一緒にいるようになった**

不安にならなくて大丈夫です。グループのメンバーは変わって当たり前だし、自分の友達関係も変わって当たり前のことなのです。

でも、気を付けないといけないのは、誰もが安心して過ごせているかという見方を忘れてしまうことです。グループの中で自分がどんなポジションなのか気にして苦しくなったり、グループ同士で争って傷つけ合ったりするようなことは絶対にあってはなりません。なぜならもともとは誰もが「安心できる居場所」を求めて変化してきたことなのですから。

板書 **安心できる居場所**

あなたたちがつくるグループはすべて、さらに大きなグループの中でつくられます。何だと思いますか？

提示

そう、この学級です。私たちは今まで、誰もが安心できる居場所となるような学級を目指してきましたよね。自分のグループの中にいる友達も、グループの外にいる人も、同じ学級の仲間です。自分にとって合わないからといって、相手の安心を奪うようなことは絶対に許されるものではありません。合う合わないを超えて、同じ学級の仲間として、これからも温かく声を掛け合って過ごす。グループや友達関係は変わって当たり前だけれど、変わらないことは……

提示 **この学級がこれからも安心できる居場所であり続けること**

この学級がこれからも、誰にとっても安心できる居場所であり続けることです。それを忘れないでください。

語りを糸口にした学級エピソード④

子どもたちの努力のペースは、それぞれ違います。ペースが速い子もいれば、当然遅い子もいます。私は学級経営をしていく中で、努力のペースの遅さはまったく問題視していません。問題なのは努力のペースの遅さではなく、努力のペースの遅さを否定するような雰囲気や自分を卑下して自信をなくすことです。その先に待っているのは、「努力をあきらめる」ということだからです。それは、せっかくの成長の伸びしろを切り捨て、立ち止まったまま動かないことを意味しています。学級の子どもたちにはこんな最悪の状態にはなってほしくありません。子どもたちのモチベーションを保つだけでなく、成長を支えていく上で欠かせない視点を『努力のペースは人それぞれ』という語りで提示していると言えます。

子どもたちの中には、努力のペースは速ければ速いほど良いと思い込んでいる子も多くいます。実際に私の学級でもそうでした。なぜなら、努力の成果はペースが速い子ほど見えやすいからです。例えば算数の授業で練習問題にみんなで一斉に取り組んだとしましょう。努力のペースが速い子は、次々と問題を解き、正解していきます。周りの友達からも、先生からも認められやすい姿を示せます。一方で、努力のペースが遅い子は努力の成果が見えにくくなります。全体のペースに付いていけなかったことだけが取り沙汰され、「速くしなさい」なんて言われた子のモチベーションが保てるわけがありません。私はこうした努力のペースが遅い子が学級で埋もれてしまわないような声掛けを授業中意識的に行うようにしています。

「時間をかけてじっくりと丁寧に問題を解いているね」「最後まであきらめずにやり切ったね」「誰よりも時間をかけて、この問題と向き合い続けたがんばり屋さんですね」などの声掛けをしてその子を認めながら、努力のペースが遅くても必ず努力の成果は残るのだという価値付けを全体に対して行っています。こうした価値観を子どもたちに伝え続けることは、担任として大切にしています。

『努力のペースは人それぞれ』という語りをすると、子どもたちは自分に合った努力のペースはどれくらいのペースなのかを模索しながら授業を受けるようになります。振り返りの習慣が自ずと身に付き、自分に合った努力のペースについての理解が深まるようになります。すると、自分が今、モチベーションが上がっているのか、下がっているのかについて俯瞰して見ることができるようになります。こうしたメタ認知が、モチベーションを保つ上で重要です。

教師の語りによって伝えられた努力についての考え方が子どもたちに波及し、大切にされるようになると、自分のことだけでなく、周りにいる同じ学級の仲間たちの努力のペースにも関心を示すようになります。ペースの速い子は遅い子を助けるようになり、遅い子も速い子が見落としていたミスや勘違いに気付いて教えることができるようになります。こうして努力のペースに関係なく、温かい助け合いの関係性が築かれていくのです。

こうした助け合いの関係性は、授業だけでなく、休み時間にも行われます。私がこれまで担任した学級には、努力のペースが遅い子に速い子が寄り添うための係を立ち上げ、活動を続けた子たちがいました。授業で理解し切れなかった問題を一緒に解いて確認したり、ドリルを進めるのを手伝ったりしていました。時にはあえて活動しない時間もつくり、この係活動自体も努力のペースを意識して続けていることが伝わってきました。やがて助け合いの輪は係の枠組みを超えて学級全体に広がり、お互いに感謝を伝え合うステキな係活動となったのです。学年末に係の子がこんなことを私に言いました。

「先生、人それぞれ努力のペースは違うけれど、努力していない人なんて誰もいないんだね。この係をやっていて、クラスのみんなの良さがより分かるようになりました」

お互いの努力について分かり合うことから認め合いや助け合いは生まれる。この子の言葉から、そんなことを学ばせてもらいました。

語りの技術

「話す力」

ここでは、「話す力」の中から
6つのスキルについて整理します。

スキル① 聞き手の反応を確認しながら丁寧に話す

聞き手の反応が悪ければ軌道修正し、良ければさらに工夫するといった臨機応変な話し方ができる話し手こそ、聞き手の心をつかむ語りができます。間のおき方、話すスピード、話す分量、声の強弱や抑揚、補足説明の有無などはすべて、聞き手がどのような様子で話を聴いているかを確認しながら丁寧に調整して話すようにしています。

子どもたちにとって初めて出合う言葉があったり、話す分量が多かったりする時ほど、早口を避け、一文一文は短く丁寧に話します。前半と後半で話し方を変えたり、難しい話題ほど身近な話題とつなげたりもします。補足説明の有無の判断も子どもたちの様子次第です。特に疑問形で呼びかけた後の反応は注視しています。

スキル② 聞き手に反応を返したり、共感したりしながら話す

語りは双方向的なものであり、話し手と聞き手のキャッチボールがなされるものです。そのためには、聞き手の反応を確認するだけでなく、反応を返したり共感したりすることも重要です。

子どもたちが良い表情をしたら、良い表情で返すようにしています。子どもたちはさらに良い表情になって話を聴きます。こうした良い表情の連鎖は、話し手の共感的な語りを起点に生まれます。例えば具体例の提示は、「〜ですよね」を語尾にして聞き手に共感しながら行います。また、動きのある場面では、一人一人の様子をできるだけ取り上げます。他にも、挙手の数に対して反応を返したり、意見をつないだり、一緒に同じ反応(驚く、

感動する、納得するなど）をしたりしながら話を進めることも共感的な語りと言えます。さらに、「○○と思うかもしれません。でも……」という話し方をすることで、聞き手に共感しながら新たな視点を提案する話し方ができます。

スキル③ 上機嫌に話す、気持ちを込めて話す

上機嫌に話すと「ミラーリング効果」*N が起こり、教師と子どもとの間に確かな信頼関係を築くことができます。このように話している時の表情や振る舞いは、聞き手に大きな影響を与えます。

ここで大事なのは、形だけの上機嫌ではなく、気持ちを込めて話すことです。語りには教師の様々な感情や願いを込めることができます。例えば、最後に提示する言葉は、丁寧に１つ１つプレゼントするように話します。また、教師自身もワクワクしながら話すことで、「おもしろそう」「その言葉、使ってみたい」と思える語りになります。

スキル④ 間をおく

優れた語りをされる先生は、みなさん共通して間の取り方が優れています。「沈黙テクニック」*O のような心理的効果だけでなく、間の取り方次第では次の２つの効果を発揮することができます。

１つ目は、興味を惹きつけ、感動を誘う効果です。話題の切れ目や注目してほしい写真や言葉を提示する前に「正解は……」と間をおいて話を進めることで、興味を惹きつけます。また、間の取り方を工夫して驚きを共有しながら話すことで、感動を誘います。

２つ目は、子どもたちが理解したり考えたりする時間の確保です。言葉や写真の意味について理解したり、問いかけに対して自分で考えたりできるよう、タイミングを見て間を取るようにします。間をおくと、教師にとってもゆっくりと子どもたちの表情や反応を確かめるチャンスとなります。声なき時間もとっておきの時間です。

スキル⑤ 優しく前向きに言葉を贈る

「自己決定感」*P「スモールステップ法」*Q「リフレーミング」*Rの３つを意識し、優しく前向きな言葉で話を締めくくります。

例えば、「時間を守りなさい」ではなく、「時間に追われるのではなく、時間を追う過ごし方をしましょう」と優しく呼びかけます。どの語りも必ず聞き手がポジティブな感情で終われるように話します。子どもたちの行動の変化や成長する姿に期待し、優しく前向きな言葉を贈ることで、自分事として「やってみよう」「踏み出してみよう」と思えるようになります。特に子どもたちにとって難しそうな挑戦だと感じる話題ほど、最後は前向きに言葉を贈るようにしています。

スキル⑥ 斉読・復唱・演出を挟む

斉読や復唱、演出には「モデリング効果」*Sが発揮されます。お互いに真似し合う関係が生まれ、自分事として学習します。

詩などの文章素材は斉読、言葉自体に力がある場合は復唱を挟みます。また、演出は話し手側と聞き手側に分けて行います。話し手側の演出としては、ジェスチャーによる実演や語る場の環境の変更（カーテンを閉めて暗くするなど）をします。聞き手側の演出としては、黙想やみんなで同じポーズや活動をする時間を挟みます。

＊N　ミラーリング効果：好意をもっている相手の表情や動作などを無意識に真似してしまう現象。相手に対して「好意をもっています」というメッセージを無意識のうちに送り、良好な関係性を築く
＊O　沈黙テクニック：沈黙することで相手に程良い緊張感を与え、行動を変えるきっかけとなる心理効果
＊P　自己決定感：自分たちで決めたことはしっかりと守ろうとする心理作用
＊Q　スモールステップ法：最初から高い目標をたてるのではなく、目標を小さなステップに細分化して提示する方法
＊R　リフレーミング：状況の「枠組み」（フレーム）を取り替えることによって、状況の意味を根本的にポジティブなものへと変更すること
＊S　モデリング効果：人は見たものや行為を真似しながら学習するという心理効果

CHAPTER

5

高学年ならではの成長・ねらいにつながる！

道徳科授業の説話としての語り

高学年の道徳科授業の内容項目

ここでは、道徳科授業の内容項目の中でも、高学年の目標について整理します。★を付けた最後の項目は、高学年から新しく追加された内容項目です。本書では、○（マル）番号の内容項目の語りについて取り上げています。

内容項目	語りで意識したい高学年の目標
A　主として自分自身に関すること	
1善悪の判断、自律、自由と責任	自由を大切にし、自律的に判断し、責任のある行動をすること。
②正直、誠実	誠実に、明るい心で生活すること。
3節度、節制	安全に気を付けることや、生活習慣の大切さについて理解し、自分の生活を見直し、節度を守り節制に心掛けること。
4個性の伸長	自分の特徴を知って、短所を改め長所を伸ばすこと。
5希望と勇気、努力と強い意志	より高い目標を立て希望と勇気をもち、困難があってもくじけずに努力して物事をやり抜くこと。
⑥真理の探究	真理を大切にし、物事を探究しようとする心をもつこと。
B　主として人との関わりに関すること	
⑦親切、思いやり	誰に対しても思いやりの心をもち、相手の立場に立って親切にすること。
⑧感謝	日々の生活が家族や過去からの多くの人々の支え合いや助け合いで成り立っていることに感謝し、それに応えること。
9礼儀	時と場をわきまえて、礼儀正しく真心をもって接すること。
10友情、信頼	友達と互いに信頼し、学び合って友情を深め、異性についても理解しながら、人間関係を築いていくこと。

11相互理解、寛容	自分の考えや意見を相手に伝えるとともに、謙虚な心をもち、広い心で自分と異なる意見や立場を尊重すること。
C　主として集団や社会との関わりに関すること	
⑫ 規則の尊重	法やきまりの意義を理解した上で進んでそれらを守り、自他の理解を大切にし、義務を果たすこと。
13公正、公平、社会主義	誰に対しても差別をすることや偏見をもつことなく、公正、公平な態度で接し、正義の実現に努めること。ものごとを偏らないようにすること。
14勤労、公共の精神	働くことや社会に奉仕することの充実感を味わうとともに、その意義を理解し、公共のために役に立つことをすること。
15家族愛、家庭生活の充実	父母、祖父母を敬愛し、家族の幸せを求めて、進んで役に立つことをすること。
16よりよい学校生活、集団生活の充実	先生や学校の人々を敬愛し、みんなで協力し合ってよりよい学級や学校をつくるとともに、様々な集団の中での自分の役割を自覚して集団生活の充実に努めること。
17伝統と文化の尊重、国や郷土を愛する態度	我が国や郷土の伝統と文化を大切にし、先人の努力を知り、国や郷土を愛する心をもつこと。
18国際理解、国際親善	他国の人々や文化について理解し、日本人としての自覚をもって国際親善に努めること。
D　主として生命や自然、崇高なものとの関わりに関すること	
19生命の尊さ	生命が多くの生命のつながりの中にあるかけがえのないものであることを理解し、生命を尊重すること。
20自然愛護	自然の偉大さを知り、自然環境を大切にすること。
21感動、畏敬の念	美しいものや気高いものに感動する心や人間の力を超えたものに対する畏敬の念をもつこと。
㉒ よりよく生きる喜び　★	よりよく生きようとする人間の強さや気高さを理解し、人間として生きる喜びを感じること。

[内容項目と各語りの関係図]

	取り上げる内容項目	高学年の目標
2	A 正直、誠実	誠実に、明るい心で生活すること。
6	A 真理の探究	真理を大切にし、物事を探究しようとする心をもつこと。
7	B 親切、思いやり	誰に対しても思いやりの心をもち、相手の立場に立って親切にすること。
8	B 感謝	日々の生活が家族や過去からの多くの人々の支え合いや助け合いで成り立っていることに感謝し、それに応えること。
12	C 規則の尊重	法やきまりの意義を理解した上で進んでそれらを守り、自他の理解を大切にし、義務を果たすこと。
22	D よりよく生きる喜び	よりよく生きようとする人間の強さや気高さを理解し、人間として生きる喜びを感じること。

糸口となる語りと意識したいこと

『言葉の実』
正直と誠実の違いについて理解を深め、明るい心につながる誠実の良さについて考えます。

誠実に、明るい心で生活しよう！

『夢の細分化と実行力』
大谷翔平選手の「夢を叶えるチャート」を知り、真理の探究の仕方について考えます。

真理を大切に探究し、実行しよう！

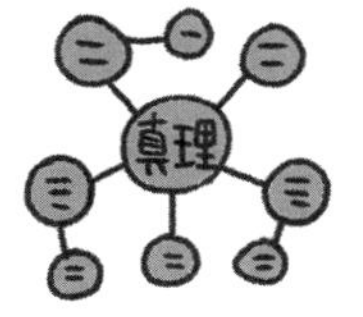

『ピントを合わせる想像力』
誰に対しても相手の立場を想像して行動する大切さについて、ピントを比喩に考えます。

相手の立場を想像して行動しよう！

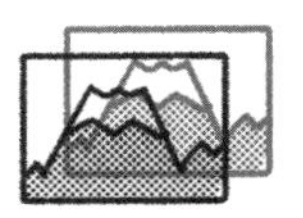

『一人で生きている人は』
助け合いや支え合いが当たり前ではないことに感謝し、それにどう応えるかについて考えます。

共に生きる人たちに感謝しよう！

『権利を守る義務』
「安心」「自信」「自由」を視点に、権利について理解を深め、自分が果たす義務について考えます。

お互い権利を守る義務を果たそう！

『みんな弱いから』
歴史上の人物の話から「弱さがあるからこその強さ」に目を向け、生きる喜びについて考えます。

弱さゆえの強さに目を向けよう！

言葉の実

語りのポイント **正直と誠実の違いについて「言葉の実が成る」という視点を提示し、明るい心につながる誠実さの良さについて考える語りとします。**

提示 **正直　誠実**

正直の意味について、説明できる人？ **指名**
うん、嘘をつかないということですね。
では、誠実の意味について、説明できる人はいますか？ **挙手**
この言葉は、高学年になったあなたたちこそ、よく考えてほしい言葉であり、心の在り方を表しています。

鉛筆を持って、先生と一緒に書きながら考えてみましょう。

演出 **白い紙を配り、鉛筆を持ったことを確認してから、「誠実」を以下のように3つに分け、子どもたちと一緒にゆっくりと書く**

板書 **言　成　実**

演出 **指でそれぞれの漢字を指し示しながら、続きを話す**

あなたの言った言葉は、成長させると実になります。これを「言葉の実」と言います。

板書 **言葉の実**

実という漢字は、現実の実と同じですね。
言葉の実が成る。言ったことが現実に成る。それが誠実です。

みなさんは、こんな四字熟語を知っていますか？

板書 **有言実行**

言ったことを必ず実行するという意味です。
これができると、あなた自身の力で、現実の世界を変えていくことができます。だからこそ、実行できるかどうかが大切なのです。
例えば、宿題を忘れた時に「明日必ずやってきます」と先生に言ったとしましょう。次の日、必ずやってこられるでしょうか？
例えば、「何時何分に集合ね」と言って友達と待ち合わせの約束をしたとしましょう。その後、必ず遅刻せずに行けるでしょうか？

正直と違い、誠実な心というのは、その人の行動に表れます。
つまり、誠実か不誠実かは、相手にすぐ伝わってしまうということです。今、あなたたちが先生の話を聞いている時のその姿は、誠実ですか？
誠実なら、誠実であり続けることが大切です。なぜなら、こんな良さにつながるからです。

提示 **自信がもてる／明るい心**

なぜ、自信がもてたり、明るい心になったりすると思いますか？ **指名**

なるほど。実は、言葉の実を腐らせ、不誠実なことばかりをしていると、だんだんとこんな気持ちが心をむしばんでいきます。

板書 **後ろめたさ**

なんだか心が痛む、良くないことをしている自分が恥ずかしいといった後ろめたさです。後ろめたさで心がいっぱいになると、だんだんと自分が信じられなくなります。つまり、自信がなくなっていくのです。

演出 **「自信」と「明るい心」に○を付けて強調する**

逆に言葉の実が成るように、誠実であり続けていると、どんどんと良いことをしている自分を好きになり、信じられるようになります。自信がもて、明るい心になるのです。
みなさんもぜひ、言葉の実が成るように、言ったことを現実にする誠実な人であり続けてください。有言実行を果たせる誠実なクラスは、どの子も自信がもて、明るい心が育つクラスになっていくはずです。

夢の細分化と実行力

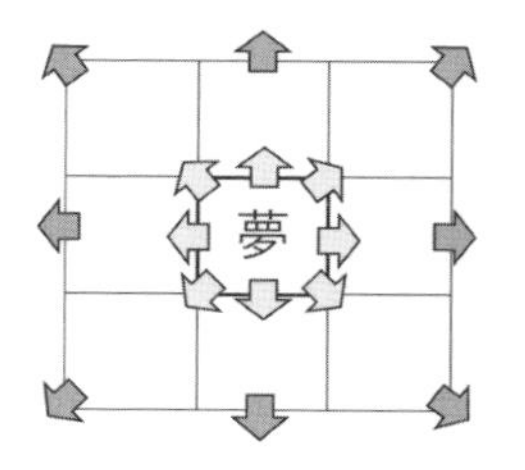

語りのポイント 子どもの頃からの夢を叶えていく大谷翔平選手の「夢を叶えるチャート」を紹介し、真理の探究の仕方について考える語りとします。

［参考文献］「夢を叶えた「ノート」大公開…MVP大谷翔平が高1で、金メダル伊藤美誠が幼稚園時代に書いていたこと 体を使った練習を頭を使って定着させる」PRESIDENT Online（プレジデントオンライン）

みなさんには、叶えたい夢はありますか？
夢が決まらないという人は、「こんな人になりたい！」というものを想像してみてください。

提示 **「夢を叶えるチャート」1マスの画像**

今想像した夢やなりたい人を思い浮かべ、この1マスに願いを込めます。
みんなで「夢が叶いますように！」と言います。手を合わせて。せーの。

演出 **「夢が叶いますように！」と一斉にお願いをする**

さて、みなさんの願いは届き、夢が叶うでしょうか？
今日紹介する人は、こんな夢を描き、実際に夢を叶えていった人です。

提示 **大谷翔平選手の「夢を叶えるチャート」1マスの画像**

誰だか分かりましたか？　この人です。

提示 **実際の大谷翔平選手の写真**

メジャーリーガーの大谷翔平選手です。野球の世界で知らない人はいません。彼は小学生の頃から願ったメジャーリーグの夢を実際に叶えています。実はこの周りに、まだまだマスが広がります。

提示 大谷翔平選手の「夢を叶えるチャート」9マスの画像

この1マスに描いた夢を叶えるために、何を大切にしなければならないのかを周りの8マスに描いています。これを、夢の細分化と言います。夢は細かく描けば描くほど、実現に近づいていきます。

板書 夢の細分化　探究心

どうしたら夢を叶えられるのか、分からないことも多いと思います。しかし、大谷翔平選手は分からないことを分からないままにしませんでした。彼は小学生のうちに、すさまじい探究心を発揮し、ここまで夢の細分化をしています。

提示 実際の大谷翔平選手の「夢を叶えるチャート」全体像

例えば、「運」というマスの周りを見てみると、次の8個が描かれています。

提示 「運」を高める8つの行動

大谷翔平選手はこのマスに描いた行動1つ1つをサボることなく続けていったそうです。夢を細かく描いたら、その1つ1つを実行し続ける。それが大谷選手のすごさです。

提示 「夢を叶えるチャート」9マスの画像

みなさんは最初に想像した夢やなりたい人について、さらに大切にしたいことを8個その周りに描くことができるでしょうか？

じっと見つめて少し想像してみてください。30秒でどうぞ。

演出 30秒間タイマーで測って想像する時間を設ける

どうでしたか？　きっとこれだけでもそう簡単にできることではないと思います。30秒では明らかに時間が足りません。

これからは自分の夢と丁寧に時間をかけて向き合い、夢の細分化に挑戦してみてください。そしてそれができたら、あなたの信じた道に沿って、1つずつ、実行し続けてみてください。あなたも大谷翔平選手のような、実際に夢を叶えていく人になれるかもしれません。

ピントを合わせる想像力

語りのポイント 誰に対しても思いやりの心をもつこと、相手の立場に合わせた親切な行動をとることについて、ピントにたとえて想像力を意識できる語りとします。

演出 **あえてプロジェクターのピントをずらしてスクリーンにスライドを投影する**

どうしましたか？　あれ、ピントがずれていますね。先生がこの状態で話し始めたら、みなさんはどんな気持ちになりますか？

きっと良い気持ちはしないでしょう。なぜなら、先生がみなさんの立場に立ち、ピントを合わせて話そうとしていないからです。

板書 **ピントを合わせる**

相手の立場に立ち、相手のためになることをよく考え、思いやりの心をもったり、親切な行為をしたりできる人がピントを合わせられる人です。高学年になったみなさんは、近くの友達とだけピントを合わせられるように練習する時期はもう過ぎました。できて当たり前なのです。友達だけでなく、次のような人ともピントを合わせられるようにならなければなりません。

提示 □の人とピントを合わせる

どんな人だと思いますか？ **指名**

提示 **接するすべての人とピントを合わせる**

接するすべての人です。これが高学年のあなたたちと目指したい思いやりや親切です。接するすべての人ということは、次のような違いのある人にもピントを合わせなければなりません。

提示 ①人間関係の深さのちがい　②意見や価値観のちがい

例えば、初対面の人のように、人間関係が浅い人ともピントを合わせられる人に。例えば、自分とは意見や価値観の違う人ともピントを合わせられる人に。みなさんはこうした違いを乗り越えて、接するすべての人とピントを合わせられる思いやりや親切ができるでしょうか。

自信がある人？ **挙手**

実は大人でも、接するすべての人とピントを合わせるなんてとてつもなく難しいことなのです。だからこそ、どうしたらそんなことができるのかについて、みんなと一緒に考えたいです。こんな言葉を贈ります。

板書 優しさは□力

どんな相手にも優しい人というのは、どんな相手にもピントを合わせられる思いやりや親切にあふれている人です。こうした人たちには、ある力が飛び抜けています。どんな力だと思いますか？

それは……想像力です。

板書 優しさは想像力

自分が何を言ったら、何をしたら、相手のためになるのだろうか、この人は喜んでくれるのだろうか。そんな想像力をとことん働かせられる人は、どんな人にもピントを合わせられる優しい人になれます。こうした想像力を鍛えるために、「もし、自分がこの人だったら」と考える癖をつけてみてください。

提示 もし自分がこの人だったら

最後に少し練習しますね。もしあなたが先生だったら、今どのように話を聞いてほしいと思っているでしょうか？　想像してみてください。

演出 子どもたちの様子を一人ずつ見渡す

今、姿勢を正してくれた人は、先生にピントを合わせることができた想像力のある人です。あなたの思いやりの心や親切な行為にうれしくなりました。ありがとう。これからも、こんな体験をたくさんしていきましょう。

一人で生きている人は

語りのポイント 家族や過去の多くの人々からの支え合いや助け合いに感謝し、自分はそれにどう応えるかについて考える語りとします。

提示 **無人島のイラスト**

もしも無人島にたった一人で生きていくことになったら、あなたは生きていく自信がありますか？　自信がある人？ **挙手**

板書 **一人で生きている人は**

このクラスの中に、無人島にたった一人で生きていくことを達成した人がいたとしたら……本当にその人は、「一人で」生きているのでしょうか？

板書 **（「一人で生きている人は」の続きで）誰もいない**

実際は一人で生きている人は誰もいないのです。

無人島にたった一人で生きていると思っている人も、ナイフやマッチなど、何か必ず道具を使っていますよね。その道具を作る人がいなければ、売る人がいなければ、道具を使うことができません。生きるために必要な道具は、一人では用意できないのです。

では、食べ物はどうでしょうか？　食べ物自体、生きているものからの恵みです。さらに、その食べ物を食べていいかどうかの知識は、今まで研究してきた人たちの努力の結果、手に入れています。一人では食べ物も安心して食べられないのです。

そもそも、あなたはなぜ今、生きているのでしょう？

それは、あなたの命までつないできた命のリレーがあるからです。親や祖父母だけでなく、祖先の人たちのうち、一人でも欠けたら、あなたは産まれていません。そう。人間は産まれた時から一人で生きている人は誰もいないのです。

板書 **日々　感謝**

だからこそ、温かい助け合いや支え合いの中で生きている日々に感謝の気持ちをもつことが大切なのです。「日々に感謝する」とは、なんとなく過ごしている毎日を思い返すだけではありません。自分が今生きていること自体に感謝し、1日1日、1時間1時間、1分1分、1秒1秒、一瞬一瞬に感謝するという意味です。

提示 **一人で生きている人は誰もいないからこそ、感謝できる**

一人で生きている人は誰もいないからこそ、人はたくさんの人や物に感謝の気持ちをもち、伝えられる生き物なのです。まずは身近な家族や仲間から、ありがとうの輪を少しずつ広げ、いつかは自分を取り巻くすべての人や物に感謝の気持ちをもち、伝えられる人になることを目指していきましょう。

板書 **ありがとう➡ありがたい➡幸せ**

「ありがとう」は、ありがたいから幸せと感じる言葉です。
すべてに感謝できる人は、すべてに幸せを感じられる人なのです。

目をつむって、今あなたが感謝したい人や物を思いつく限り、じっくりと思い浮かべてみてください。はじめ。

演出 **1分程度黙想の時間を設ける**

やめ。今、心の中が温かい気持ちでいっぱいの人は、偽りのない感謝の気持ちをもてた幸せな人です。

権利を守る義務

語りのポイント 「安心」「自信」「自由」をキーワードにして、お互いの権利を守るために自分が果たすべき義務について考える語りとします。

提示 **赤ちゃんのイラスト**

赤ちゃんは手をグーで握った状態で生まれてきます。人は生まれながらにして、誰しもあるものを与えられているからです。赤ちゃんは生まれたその瞬間から、何を与えられてその手に握っていると思いますか？　それは……権利です。

板書 **権利**

権利という言葉の意味を説明できる人？ **指名**

簡単に言うと、「そのことをしていい、または、しなくていい」という資格のことを言います。あらゆる法の一番の土台になっている日本国憲法では、すべての国民は生まれながらにして、次のような権利を与えられることになります。

提示 **侵すことのできない永久の権利**

これを基本的人権の尊重と言います。あなたの権利は、あなた以外の誰からも侵されてはなりません。あなたも誰かの権利を侵してはいけません。そしてそれは、ずっと続いていく永久の権利なのです。その基本的人権の中でも、憲法では生存権という権利を次のように定めています。

提示 **すべて国民は、健康で文化的な最低限度の生活を営む権利を有する**

健康で文化的な最低限度の生活という言葉の意味がみなさんにとっては難しいと思います。子どもの権利条約では、「生きる権利」「育つ権利」「守られる権利」「参加する権利」の４つが子どもに与えられている権利だとしています。健康とは、育つ権利や守られる権利が与えられている状態です。文化的とは、参加する権利が与えられている状態です。そして最低限度の生活とは、生きる権利が与えられている状態です。

あなたたちは、もうすでにある人から義務を果たしてもらい、この小学校で教育を受けるという権利を与えられています。誰だと思いますか？

指名

それは保護者と呼ばれるあなたのおうちの方たちです。これを義務教育と言います。そんな義務教育を受ける場の小学校で働く先生も、教育基本法という法律に則ってあなたたちを教育する義務を果たしています。

大人たちがあなたたちの権利を守るだけでなく、あなたたち子ども同士も、お互いの権利を守る義務を果たさなければなりません。

では、どんな義務を果たすことで、お互いの権利を守ることができるでしょう？　今日は３つのキーワードを覚えてください。

提示 **安心　自信　自由**

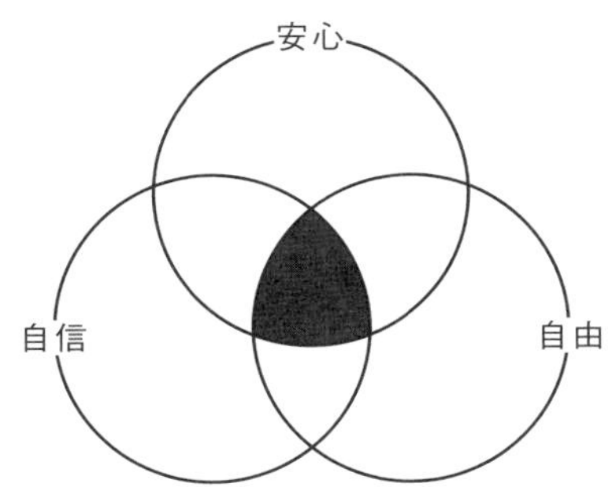

この３つが重なるところが権利が守られている状態です。人によって安心できることは違います。人によって自信がつく場面も違います。人によって自由の捉え方が違います。みんな違うからこそ、みんなの権利を守っていくことは簡単ではありません。しかし、みんなで義務を果たしていくことで、みんなの権利が守られた時、安心して自信をもち、自由な毎日が待っています。それは侵すことのできない永久の権利なのです。

みんな弱いから

語りのポイント 心が強い人の共通点を探り、「弱さがあるからこその強さ」に目を向け、人としてよりよく生きる喜びについて考える語りとします。

演出 **歴史の授業で坂本龍馬について学習した後に語る**

板書 **強い人**

みなさんにとって、強い人とはどんな人のことを言いますか？ **指名**

強い人とは、力が強いとかパワーがあるとかだけではありません。今日は、一度も刀を使わずに大きく国を動かした心が強いあの武士について紹介します。いったい誰の話でしょうか？　聴きながら考えてみてください。

提示

子どもの頃は弱虫でみんなにバカにされていました。鼻水もたらし、いつまでたっても寝しょんべんが治りませんでした。12歳で塾に通いますが、そこでもバカにされ、いじめられていました。物覚えも悪く、「君にはもう教えようがない。明日から来なくていい」と言われてしまいました。そんな時、大好きだったお母さんを亡くしました。優しかったお母さんの代わりになった３つ上のお姉さんに励まされ、少しずつたくましくなっていきました。

日本の歴史を大きく動かした、あの坂本龍馬の話です。

提示 **坂本龍馬の画像**

江戸時代から明治時代に変わる日本において、この人のことを知らない人はいません。薩長同盟を結び、明治維新に大きく貢献したことが知られています。坂本龍馬は志半ばで暗殺されてしまいますが、間違いなく人としてよりよく生きる喜びを味わおうとしていた人だと言えます。

心が強い人は、気品があり、気高く生きています。周りから憧れられる存在にもなります。しかし、強い人には共通点があります。それは……

提示 **強い人は、元々みんな弱かった**

みんな弱かったという共通点です。初めから強い人なんていないのです。みんな元々弱かったからこそ、強くなっていくのです。

板書 **弱さがあるからこその強さ**

人は誰しも、弱さをもっています。弱さは、誰でももっているのです。あなたばかりではないのです。あなたは、あなたの弱さを乗り越えて、強くならなきゃいけません。そうして弱さがあるからこその強さをもてる人になってください。強さと弱さは表裏一体。今、自分の弱さを知っている人は、自分の強さにつながる成長の伸びしろがある人です。そんな強さがある心の持ち主になれたら、人としてよりよく生きる喜びを感じられることでしょう。

語りを糸口にした学級エピソード⑤

誰に対しても相手の立場を想像して行動する大切さは、道徳科の授業だけでなく、日頃の学級経営においても伝え続けていることです。

ある日、授業参観において道徳科の授業をすることになりました。内容項目はBの「親切、思いやり」でした。これまではこうした道徳科の授業の終盤に語る説話として、様々な「親切、思いやり」のエピソードを紹介するようにしていました。しかし、教師の体験談をただ語ってもあまり子どもたちの心に響いていないといった問題意識をずっと抱えていました。そんな中、当時担任していた学級の子どもたちと一緒に考えた学級目標に「優しい子になる」という言葉があったことから「優しさは想像力」という言葉が浮かんできました。

思いやりの心をもち、親切な行動をするためには、相手の立場を想像する力が必要不可欠です。想像力がある人ほど、優しい人になれるのだと考えました。この「優しさは想像力」という言葉は、参観されていた保護者の方々の中にも、個別懇談会において話題に挙げてくださった方が多くいらっしゃいました。

しかし、「優しさは想像力」という言葉だけでは、まだまだイメージ化が弱いと感じていました。想像力が大事だと分かっていても、相変わらず相手の立場を想像できずに行動してしまう子が少なからずいたからです。何かもっと具体的にイメージできるものはないか。そんなことを意識しながら教室内を見回すと、教室に常備されているプロジェクターに目がいきました。当時はちょうどGIGAスクール構想が始まったばかり。各教室にプロジェクターとスクリーンが整備されて間もない時期でした。

「例えば、今みんなが見ているスクリーンのように、自分のことばかり考えていたら相手の立場なんて想像できず、このようにピントが合わなくてぼやけたままです。こんな状態で思いやりのある親切な行動ができると思いますか？」

気が付けば、プロジェクターのピント調節部分をいじりながら、私はこんなことをアドリブで子どもたちに語り始めていました。あえてピントを合わせない演出を取り入れたのです。そして、ピントを少しずつ合わせながら、次のように語り進めました。

「相手の立場を想像する力がある人は、このようにどんな相手ともピントを合わせることができます。相手（スクリーン画面）のことがよく見えますよね。こういう状態になって初めて、思いやりのある親切な行動ができるようになるのです」

子どもたちからは「おーっ、なるほど～」という声が上がりました。こうしてできた語りが『ピントを合わせる想像力』です。

思いやりのある親切な行動について具体的にイメージができるようになると、実際の行動に結びついていくようになりました。「優しい子になる」ために、どんな親切な行動をしたらいいのかについて自分で考える時間が増えたからです。抽象的で、きれい事のような言葉だけで終わらせず、具体物を用いてイメージの具体化をすることで、子どもたちが自分事として受け止め、具体的な行動へと落とし込めるようになります。

道徳科の授業や説話において子どもたちと一緒に考えたキーワードや合言葉は、学級通信を書く上でも意識的に使っています。そこにはキーワードや合言葉だけでなく、子どもたちがその後の学校生活上で起こした具体的な行動も紹介するようにしています。書いた学級通信は翌日の朝の会で子どもたちに向けて読み聞かせ、家庭で保護者の方々にも読んでいただいています。

このように、ただの道徳科の授業においての説話に留まらず、価値の波及が起きる語りの仕組みを取り入れ、子どもたちの更なる行動の変化を促せるようにしています。

語りの技術

「つなぐ力」

ここでは、「つなぐ力」の中から
6つのスキルについて整理します。

スキル① ほめて認める、価値付ける

語りはあくまでもきっかけに過ぎません。行動の変化を促すためには、語った後、いかに価値を強化できるかが重要です。

語りで共有した価値のある言葉を教師も使いながら子どもたちの行動を認めることで、「ラベリング効果」*T が起きて価値を強化できます。また、成長に向けた前向きなラベリングにより、教師の肯定的な期待を伝えて「ピグマリオン効果」*U を起こします。

スキル② 全体の場や学級通信で紹介する

行動の変化を見逃さないためには、その子を認めて「自己有用感」*V を高めるだけでなく、全体の場や学級通信でも紹介して他の子どもたちや保護者に価値を波及させ、「ウィンザー効果」*W が発揮されるようにします。教師から直接的に認められるだけでなく、学級の仲間や保護者からも間接的に認められ、より一層価値を強化していくことで、子どもたちの行動は大きく変化していきます。

スキル③ 思考・振り返り・点検の時間をつくる

子どもたちの思考時間は、教師が語っている時間だけでは足りません。語りの後も、定期的に思考する時間を確保することが大切です。また、語り聞いた内容と自分の行動を照らし合わせて振り返る時間はさらに重要です。点検をする際には、「スケーリング・クエスチョン」*X を用いています。解決すべき問題を明確にし、点数化して自己評価するようにします。

スキル④ みんなで一緒に体験・調べ学習をしてみる

教師が語りで伝えたいメッセージは、子どもたちからすると、自分の体験や調べたことと照らし合わせて初めて自分事として受け取ることができます。そこで、語りと体験・調べ学習をつなげます。みんなで一緒に行うことで、「ハーディング効果」*Yが起こります。

スキル⑤ 掲示物やカードで可視化する

語りで紹介した価値ある言葉や写真などは、掲示物やカードにして可視化し、教室内の注目されやすい場所に設置するようにします。子どもたちは無意識に何度もその言葉や写真に出合い、「プライミング効果」*Zによって行動の変化が自然と促されるようになります。

スキル⑥ 指導の一貫性を保つ

語り手である教師は、継続性と一貫性をもってその後の指導に当たるように心掛けています。語り聞かせた大切なことを教師自身が意識し続けたり、順守してぶれずに指導したりする姿を見て、子どもたちも大切に守ろうとします。語りは何を言うかではなく、誰が言うかが重要です。指導は「どうあるべきか」を常に考えたいです。

*T　ラベリング効果：事物を命名（ラベリング）することで記憶が強化され、人間の行動に大きな影響を与える心理効果
*U　ピグマリオン効果：教師の肯定的な期待が、子どもの成長を高める心理行動
*V　自己有用感：自己の所属する集団の中で、自分がどれだけ必要で大切な存在であるかということを自分自身で認識する感覚
*W　ウィンザー効果：情報が当事者から直接的に伝わるよりも、第三者から間接的に伝わるほうが信頼されやすいという心理効果
*X　スケーリング・クエスチョン：点数化とも言う。カウンセリング手法であるソリューション・フォーカスト・アプローチの1つ
*Y　ハーディング効果：周りの人と同じ行動をとって、安心感を得ようとする心理現象
*Z　プライミング効果：ある刺激によって、無意識のうちに自分の行動が影響を受けること

おわりに

高学年の語りについて、考えは深まったでしょうか。

実は今この本を執筆している私自身も、今年度は高学年担任をしています。つまり、実際に高学年の子どもたち相手に語りながら、「高学年の語り」というテーマについて改めて考え、筆を進めていった次第です。

みなさんはどうですか。この本を読んでいる今、高学年担任ではないかもしれません。しかし、実際にやってみながら読み進め、読み進めながら実際にやってみるといった「読書と実行の往還」が大切ではないでしょうか。読者の皆様には、読んで終わりにせず、この本と共にやってみる気持ちを大切にしていってほしいです。実行なくして読書の効果は薄れてしまうからです。

そのためには、私自身もここで踏みとどまることなく、高学年以外の語りについても視野を広げなければならないと思います。これからも考え続け、筆を執り続け、実行し続けなければならないと襟を正していきたいです。もしも今後この本がシリーズ化した暁には、他学年の語りについてもみなさんと一緒に考え、やってみたいです。

この本を執筆しながら、ふと味わった感覚があります。それは、私は読者のみなさんに手紙を書いているという感覚です。

「拝啓、高学年の語りに関心があり、本書を手に取ってくださったあなたへ。私はこのように考えております。そして、このようにやってみました。あなたはどうお考えになりますか。ぜひ私にも教えてほしいです。」そういったメッセージを読者へ届け続ける。それが執筆するということなのではないかと思い始めたのです。

そしてそれは、決して著者から読者への一方向的なメッセージではなく、読者から著者へのメッセージも私は進んで受け取っていきたい。いや、むしろ私から欲しているのです。SNSでつぶやいていただいてもいいですし、レビューを投稿していただいてもいいです。オフラインかオンラインかにかかわらず、私とこの本について語り合いたいという方がいらっしゃったなら、こんなに幸せなことはありません。なぜなら、建設的な対話にこそ大きな学びがあるからです。

私はみなさんから届く手紙も楽しみにしています。執筆は読者との手紙のやり取りであり、読書は著者との手紙のやり取りなのではないかと思うからです。つまり、文通です。本を執筆する機会を与えられているということは、読者と文通する機会を与えられていることと同義なのです。

みなさんはどんな人と文通してみたいですか。きっとその人自身も学び、成長し続けていると、これからも手紙を送りたいと思うでしょう。または興味を惹きつけられる体験談をおもちで、それを分かりやすく描写する表現力がある人なら、手紙が届くのを楽しみに待つことができるでしょう。

さて、私はみなさんにそんなとっておきの手紙が書けたでしょうか。著者自身の成長と表現力が感じられる本ができたでしょうか。今回の本の執筆も、著者である私自身がさらに成長できるか、表現力を高められるかが試される絶好の機会でした。きっと私はまだまだでしょう。だからこそ、これからも「読書と実行の往還」をみなさんと一緒に大切にしていきたいです。それが血肉となり、成長と表現力の向上につながることを信じて。

私は、特別な肩書きや資格があるわけではない通りすがりの公立教師です。だからこそ、私の特別ではない教師生活に特別感をもたらしてくれる「本の執筆」という体験を、これからも全力で楽しみたいです。

みなさんにとっても、私にとっても、とっておきの文通をしながら。

ここまで読んでいただき、ありがとうございました。

2024年3月　春の忙しさにふと訪れる　早朝の静けさの中で

くろぺん

謝　辞

私が本書を執筆するにあたって、特に次の2冊の本を参考にさせていただいたことをここで紹介させてください。

『小学6年担任のマインドセット』（古舘良純、明治図書出版、2022年）との出合いは、高学年担任としての心構えや語り伝えるべき内容を学ぶことができ、私自身も語りの引き出しを増やす機会となりました。

『授業力＆学級経営力selection なぜか学級がうまくいく心理術』（『授業力＆学級経営力』編集部、明治図書出版、2021年）との出合いは、私が普段意識している語り術について、聞き手に与える心理的作用や心理的効果という視点から、さらに解像度高く言語化する機会となりました。

私も本を執筆する立場になり、同じ執筆者の先生方の苦労や努力が身に染みて分かるようになりました。先人たちが積み重ねてきたものに尊敬の念は絶えません。だからこそ、まずは関連する本を徹底的に読み込みます。先人たちから学んだ上で、自分なりの提案や表現へとつなげていくのです。良質なアウトプットは、良質なインプットからしか生まれません。今後も学び続け、本の執筆という営みに自分らしく向き合っていきたいです。本書を執筆するにあたって出合った全ての本とのご縁に深く感謝申し上げます。

本書で紹介している語りには、メジャーリーガーの大谷翔平選手の話がよく出てきます。執筆期間中も、大谷翔平選手のニュースは連日報道されました。特に日本国内の約20,000校の全小学校に各3つのジュニア用グローブ約6万個を寄贈されたというニュースには驚きました。実際に私の勤務校にも、『大谷グローブ』が届きました。まさに時代の寵児。いや、いつの時代でも語り継がれるような人でしょう。同じ時代を生きている身として誇りに思います。教員という立場から見て、子どもたちに大谷翔平選手について語り継いでいくことは、教育的にも意義のあることではないでしょうか。そんな大谷翔平選手は私よりも4歳年下。今後のご活躍も期待しています。

高学年担任が抱える「何を話したらいいのか分からない」という悩みについては、私自身の経験だけでなく、X（旧Twitter）でフォロワーの方々からご教示いただいたことも参考にしています。実際に高学年の担任をされている方々からの意見を集約し、私なりの解決の糸口を「語り」という視点から本書を通して示すことができました。ありがとうございました。

編集者の根津さんには、企画から執筆、校正に至るまで、いつも私の考えや気持ちに寄り添っていただき、様々な点でお気遣いいただきました。学陽書房さんから出す教育書の執筆は今回が初めての経験でしたが、根津さんのおかげで安心して執筆生活を楽しむことができました。もしも本書がシリーズ化された暁には、ぜひともシリーズを通して一緒にお仕事させていただきたいです。ありがとうございました。今後ともよろしくお願いいたします。

執筆活動をいつも支えてくれている私の家族、温かく応援してくださる職場の同僚の皆様、担任として関わる学級の子どもたちにも感謝の気持ちでいっぱいです。本は決して一人で書いているものではないことを忘れたくありません。これからも感謝の気持ちを伝え続けていきたいです。

最後にここまで読んでくださった読者のあなたへ感謝の気持ちを伝え、謝辞とさせていただきます。本書をご愛読いただき、ありがとうございました。

くろぺん

著者紹介　くろぺん

1990年愛知県生まれ。公立小学校教諭。教職９年目。勤務校では今年度、高学年の担任を務めている。子どもに語る説話づくりの実践を続け、創った説話原稿【#とっておきの話】をX（旧Twitter）上に550話以上公開中。アカウント名「くろぺん先生」（@totteokistory）として、学級経営の考え方や実践などを発信している。著書に『こどもの心に響く　とっておきの話100』（東洋館出版社）、『子どもと創るアレンジじゃんけん！　とっておきの学級あそび』（東洋館出版社）がある。明治図書出版での共著経験、教育雑誌への寄稿経験あり。学陽書房からの単著は今回が初めて。ご縁に深く感謝。

高学年担任の
子どもの心をつかむとっておきの語り

2024年4月11日　初版発行

著者　くろぺん

ブックデザイン　吉田香織（CAO）
イラスト　すぎやまえみこ

発行者　佐久間重嘉
発行所　株式会社 学陽書房
東京都千代田区飯田橋1-9-3　〒102-0072
営業部　TEL 03-3261-1111　FAX 03-5211-3300
編集部　TEL 03-3261-1112　FAX 03-5211-3301
http://www.gakuyo.co.jp/
DTP制作　越海編集デザイン
印刷　加藤文明社
製本　東京美術紙工

ISBN978-4-313-65509-6　C0037